HELMUT FISCHER

TA

Die Transaktionsanalyse –
Anstöße zur
kritischen Auseinandersetzung

D1665839

Münchener Reihe

Dem Andenken an Gerhard Loch (1908-1982),
der den Dialog in der Kirche und Gemeinde
stets gesucht und engagiert geführt hat.

1. Auflage
Februar 1985

Verlag: Evangelischer Presseverband für·Bayern, 8000 München 19
Abteilung: Schriftenmission

Alle Rechte, auch die des auszugsweisen Nachdrucks,
der photomechanischen Wiedergabe und der Übersetzung, vorbehalten.
Satz: Grimm-Grafing
Druck: Druckerei Schoder, Gersthofen

ISBN 3-583-50640-5

Vorwort

Mir lag die Absicht fern, ein Buch über das hier verhandelte Thema zu schreiben. Aber manche Diskussionen, in die wir eintreten, nehmen eben einen kaum vorhersehbaren Verlauf. Am Anfang stand ein Gespräch mit einem führenden Vertreter und Befürworter der Transaktionsanalyse in der Kirche. Das war vor vier Jahren. Das völlig enttäuschende Gespräch veranlaßte mich zu der Streitschrift: „Wie ok ist die Transaktionsanalyse?" Die Reaktion seitens der Vertreter der TA war im Ton heftig, im Inhaltlichen dürftig, aber charakteristisch. Das gilt für die Leserzuschriften wie auch für die Entgegnung von Born/Harsch/Weil. (Eine nicht veröffentlichte „Nachlese" zum Artikel von Born/Harsch/Weil mache ich Interessierten gerne zugänglich.) In Anrufen, Briefen und sehr vielen persönlichen Gesprächen haben Betroffene oder Beobachter der Szene ihre Zustimmung ausgedrückt und mir dafür gedankt, daß endlich in die öffentliche Diskussion gebracht worden ist, was vielerorts als Problem empfunden, aber aus Unsicherheit oder wegen Angst vor Komplikationen nicht artikuliert wird. Viele wünschten sich für das Gespräch vor Ort über die pointierten und nur skizzenhaften Aussagen meiner Streitschrift hinaus eine umfassendere Information. Verschiedene Gruppen, Konvente, Kreise und Gremien luden mich zu weiterführenden Gesprächen ein. Als schließlich in Aussicht stehende Gespräche eine Präzisierung des Standorts erforderten, habe ich die mir für die Diskussion wichtig scheinenden Themenschwerpunkte und Gedanken geordnet und schriftlich festgehalten. So ist ein Text entstanden, der sich erst im Laufe der Niederschrift als das herausstellte, was von vielen Seiten als breitere Grundlage für ein Gespräch angemahnt wurde.

Mein Dank gilt allen, die mir schriftlich oder mündlich ihre Erfahrungen mit der Transaktionsanalyse mitgeteilt haben. Ausdrücklich schließe ich hier diejenigen ein, die als Vertreter, Begeisterte oder Ernüchterte der Transaktionsanalyse reagiert haben. Aus ihrer Art, mit der inhaltlichen Herausforderung meiner Streitschrift umzugehen, diese Herausforderung abzuwehren, sich zu rechtfertigen, habe ich über die Transaktionsanalyse mehr und Authentischeres erfahren als der Transaktionsanalyse-Literatur zu entnehmen ist.

Besonders danke ich Pfarrer Ludwig Becker, OKR Dr. Beatus Fischer, Pfarrerin Birgit Gröger, den Pfarrern Helmut Gross und Manfred Holtze, Professor Dr. Artur Rühl, den Pfarrern Martin Schneider und Ewald Steiner. Mit ihnen konnte ich die Transaktionsanalyse inhaltlich und im Blick auf die kirchliche Praxis kontinuierlich oder punktuell diskutieren – selbstverständlich auch kontrovers und sehr viel eingehender, als sich das in einem Buchtext niederschlägt. Zu den Gesprächspartnern zähle ich auch Professor Dr. Helmut Harsch, der als Transaktionsanalytiker seine Sicht der TA vertritt.

Ich selbst verstehe mich weder als Sprecher einer Gruppe noch als Initiator irgendeiner „Gegenbewegung". Mein Buch betrachte ich als Beitrag zu einer Diskussion, die nicht einzelnen aufgegeben, sondern Sache der kirchlichen Öffentlichkeit ist.

Inhalt

Einleitende Hinweise
zu Anlaß, Absicht und Charakter des Textes

Seit Anfang der sechziger Jahre werden Therapieformen unterschiedlichster Art in immer neuen Schüben insbesondere aus den Vereinigten Staaten von Nordamerika nach Europa importiert. Die Psychowelle ist inzwischen auch in die Kirche übergeschwappt. Psychotherapeutische Methoden, die sich werbewirksam mit großartigen Versprechungen zu verkaufen wissen, werden ungeprüft und unkritisch in die kirchliche Arbeit übernommen. Ein kaum überschaubarer freier Psychomarkt, mit Milliarden-Umsätzen, ist entstanden. Er wird von neuen Heilslehren, von „Schnellbeglückungspsychologien" (Bittner 58) und Psychangelien vollständig beherrscht.

Klassische Psychotherapie und Psychoanalyse sind indes damit beschäftigt, sich im medizinischen Bereich einzurichten und sich in das vorgegebene Gesundheitswesen zu integrieren (vgl. Brede, Dahmer, Lohmann). Selbst von der Psychoanalyse, die durch Freud mit einem hohen kritischen Potential ausgestattet ist, werden an die Psychoszene nur vereinzelt kritische Anfragen gestellt. Das verwundert nicht angesichts einer Psychoanalyse, von der Lohmann (56) in einer Art selbstkritischer Beschwörung schreibt:

„Schreitet der Prozeß der Verharmlosung der Psychoanalyse zu einer lebensfreundlichen common sense-Psychologie fort, die sich nur noch graduell von der tödlichen Harmlosigkeit des Alltagsbewußtseins unterscheidet, wird in zwanzig oder dreißig Jahren niemand mehr wissen, was die Psychoanalyse einmal war. Nur noch die Historiker . . . werden sich daran erinnern, daß die Psychoanalyse vormals mehr war als der irre Tanz um das Goldene Kalb von Ichautonomie, Reife und Kreativität; daß sie, als psychologische Theorie des Individuums und seiner Kultur, deren memento mori war, nicht deren Affirmation."

Psychoanalytiker und seriös ausgebildete Psychotherapeuten, die in kirchlichen Einrichtungen arbeiten, sehen die mit dem Psychoboom in den Kirchen entstandenen Probleme. Aber eine öffentliche kritische Auseinandersetzung mit den in der Kirche praktizierten psychotherapeutischen Methoden steht noch aus.

Die pauschale Verurteilung psychotherapeutischer und gruppendynamischer Methoden durch Publikationen von evangelikaler Seite hat bisher weder auf der psychologischen noch auf der theologischen Ebene zu einer kritischen Auseinandersetzung geführt, sondern diese Methoden eher pauschal bei denen aufgewertet und legitimiert, die sich selbst als progressiv verstehen.

Die systematische Theologie hat gerade erst begonnen, die Herausforderungen der klassischen Entwürfe von Psychoanalyse und Tiefenpsychologie positiv aufzunehmen und zu reflektieren. Durch die so geöffneten Türen konnten alle möglichen Praktiken unter dem Etikett „Psycho-" ungeprüft in die kirchliche Praxis gelangen und sich darin unbehelligt ausbreiten.

Kirchliche Praktiker und kirchenleitende Gremien, denen das Psychotreiben in allen Bereichen kirchlicher Praxis längst bekannt ist, schweigen. Nicht etwa, weil sie den exzessiven Entwicklungen zustimmten, sondern weil sie von der Selbstverständlichkeit, mit der der Psychomethodismus inzwischen allenthalben exekutiert wird, verunsichert sind. Wer an diesen Praktiken Kritik äußert, muß damit rechnen, als einer von jenen Vorgestrigen abgestempelt zu werden, die eben noch nichts verstanden haben.

D. Rösslers dezent vorgetragene Reflexionen über „Die Methoden in der kirchlichen Ausbildung", 1977 (Rössler b), signalisieren den Übergang von einer Phase der euphorischen Methoden-Rezeption in eine Phase der kritischen Reflexion. Rösslers Artikel war zum einen geeignet, den in der Kirche Verantwortlichen und den kirchlichen Praktikern erste Kriterien für eine Beurteilung psychotherapeutischer Methoden an die Hand zu geben; er war zum anderen ebenfalls geeignet, die Vertreter dieser Methoden in der Kirche zur Selbstkritik zu veranlassen. Wahrnehmbar geschehen ist aber nichts. Eine generalisierte Kritik scheint als Kritik und Anfrage an die einzelne Methode nicht verstanden zu werden.

Die vorliegende Arbeit geht daher einen anderen Weg. Sie beschränkt sich auf eine einzige psychotherapeutische Methode. Dieser Weg hat natürlich ebenfalls Vorteile und Nachteile. Eine gezielte Kritik dieser Art macht es den Vertretern der angesprochenen Methode leicht, sich persönlich als Verfolgte zu deklarieren und darzustellen. Auf diese Weise lassen sich selbst Unbeteiligte als Beschützer, Retter und Helfer der vermeintlich Angegriffenen mobilisieren: eine Reaktion, die – zumal in der Kirche und bei professionellen Helfern – mit großer Sicherheit funktioniert. Die Auseinandersetzung wird so auf die Ebene des Persönlichen und der Beziehungen verlagert. Die Auseinandersetzung in der Sache ist damit unterlaufen, ehe sie überhaupt beginnen konnte. Dies ist ein möglicher Nachteil. – Dem stehen die Vorteile gegenüber: Die Vertreter der in Frage gestellten Methode können nicht so tun, als wäre ihre Methode gar nicht gemeint. Die Einzelkritik kann klar sagen, worauf sie sich bezieht. Die Auseinandersetzung kann inhaltlich konkreter geführt werden. Das erhöht die Wahrscheinlichkeit, daß sie überhaupt in Gang kommt.

Um der Selbstklärung und der Glaubwürdigkeit der Kirche willen, ist es an der Zeit, daß die konkrete Auseinandersetzung mit den in der Kirche praktizierten psychotherapeutischen Methoden aufgenommen wird, und zwar nicht nur in Expertenkreisen und hinter verschlossenen Türen, sondern öffentlich. In einer Kirche, in der nicht ein oberstes Lehramt letzte Entscheidungen trifft, ist es nicht mehr als selbstverständlich, öffentlich nach Auftrag und Mitte kirchlichen Handelns zu fragen und – wo nötig – auch öffentlich darüber zu streiten. Im Bereich politischen Handelns geschieht das längst. Entscheidend ist in unserem Themenbereich nicht, an welcher Stelle die Diskussion einsetzt, sondern daß sie in Kirche und Gemeinden überhaupt aufgenommen wird.

Die vorliegende Arbeit setzt sich mit der Transaktionsanalyse (im folgenden TA genannt) auseinander, deren Wirkungen ich durch die Umstände meiner beruflichen Tätigkeit besonders nachdrücklich begegnet bin. Wahrgenommene Erscheinungen und Wirkungen regen dazu an, nach den sie auslösenden Ursachen zu fragen. Es liegt allerdings in der Natur des Problems, daß die Auseinandersetzung mit der TA Reflexionen auch von grundsätzlicher Art erfordert. Das Grundsätzliche wird aber hier nur in Richtung auf TA weitergedacht. Vergleiche mit anderen Methoden werden nicht angestellt.

Die Überlegungen gehen davon aus, daß die Humanwissenschaften sich darum bemühen, den Menschen zu erkennen und in seinen unterschiedlichen Dimensionen verstehen zu lernen. Jede der Humanwissenschaften wird dabei von bestimmten Setzungen ausgehen, nach bestimmten Methoden vorgehen, den Menschen unter einem bestimmten Aspekt betrachten und so eine bestimmte Schicht menschlicher Wirklichkeit erfassen. Die Theologie, die den „ganzen Menschen" im Blick haben muß, hat guten Grund, alle Aspekte von Menschsein mitzubedenken; sie wird daher auch die Erkenntnisse der Humanwissenschaften offen und kritisch zur Kenntnis nehmen, sich von ihnen herausfordern lassen und in ihr Verstehen von Menschsein einbeziehen.

Sofern nun psychologische oder soziologische Methoden bei der Ausbildung und Fortbildung von kirchlichen Mitarbeitern und generell in der kirchlichen Praxis eingesetzt werden, muß auch und sogar primär unter theologischen Gesichtspunkten geprüft werden, ob die jeweilige Methode geeignet ist, dem Auftrag der Kirche zu dienen oder ob sie diesem Auftrag zuwiderläuft. Die Antwort auf diese Frage wird sich wesentlich am Menschenverständnis entscheiden. Jedem psychologischen oder soziologischen Entwurf liegt ein Menschenverständnis zugrunde. Deshalb ist die im jeweiligen System enthaltene implizite Anthropologie und Ontologie zu erheben, kritisch zu prüfen und zur Aufgabe und zu den Zielen kirchlicher Arbeit ins Verhältnis zu setzen. Wenn in diesem Zusammenhang auf vielen Ebenen auch psychologisch, philosophisch, ideologie- und kulturkritisch argumentiert werden muß, so bleibt die Gesamtanfrage doch theologischer Natur.

In der hier zu führenden Auseinandersetzung mit der TA gibt es viele willkommene Mißverständnisse. Damit sie von vornherein ausgeschaltet werden, sei der Gegenstand der Kritik in knappen Gegenüberstellungen präzisiert.

Gegenstand der Kritik ist hier nicht die von Psychologen und Therapeuten zu klärende Frage, ob, wo und in welchem Maße die TA als therapeutische Methode vertretbar ist.

Hier geht es primär um jene TA, die *generell* auf Menschen angewendet wird.

Gegenstand der Kritik sind hier nicht die Differenzierungen und Details jener TA-Literatur, die sich selbst als wissenschaftlich versteht.

Hier geht es primär um jene TA, die in der populären, für jedermann gedachten Literatur verbreitet wird. (Beispielsweise ist James/Jongeward, Spontan leben, bis 1984 in 46.000 Exemplaren verkauft worden; Harris, Ich bin o.k., Du bist o.k., ist in 470.000 Exemplaren auf dem Markt.)

Gegenstand der Kritik ist hier nicht, ob ein anderweitig gut ausgebildeter Therapeut Elemente der TA in seine Arbeit fallweise integrieren kann.

Hier wird der Frage nachgegangen, welches Verständnis von Menschsein und welche Einstellung für den Umgang mit sich selbst und mit anderen in Alltag und Beruf, in Seelsorge, Erziehung und Beratung durch die genannte TA-Literatur denen vermittelt wird, die sich ohne sonstige therapeutische Ausbildung unkritisch auf die TA einlassen.

Gegenstand der Kritik ist hier nicht die moralische Qualität der Absicht, in der der einzelne die TA in den genannten Situationen anwendet.

Hier geht es darum, was das TA-Konstrukt aufgrund seiner inneren Logik allein dadurch, daß es (in welcher Absicht auch immer) angewendet wird, bewirkt, und zwar bei dem, der es anwendet, bei dem, auf den es angewendet wird, im Verhältnis der beiden zueinander und im Blick auf die Arbeit, in die es integriert wird.

Die TA steht hier nicht hinsichtlich der Richtigkeit einzelner ihrer psychologischen Aussagen zur Diskussion,

sondern hinsichtlich der sie konstituierenden Elemente.

Vorsichtshalber sei betont, daß es hier nicht um eine Darstellung oder um eine umfassende Würdigung der TA geht,

sondern um Elemente einer kritischen Auseinandersetzung mit ihr.

Die Kritik wird nicht systemimmanent geführt,

sondern auf einer Metaebene vollzogen.

Dem Leser wird bereits auf den ersten Seiten in die Augen springen, daß reichlich zitiert wird. Die Gründe dafür liegen zum einen in der Absicht dieser Schrift, zum anderen in der Verteidigungstaktik der TA-Vertreter.

Den vorliegenden Text verstehe ich nicht als meine theoretische Auseinandersetzung mit der TA oder deren Vertretern. Eine solche Auseinandersetzung müßte in vielfacher Hinsicht anders angelegt sein. Mir geht es hier auch nicht darum, eine wissenschaftliche Diskussion unter Fachleuten in Gang zu setzen. Dazu bedürfte es wieder einer anderen Konzeption. Nach meiner Überzeugung kann die Kirche die Auseinandersetzung mit der TA nicht irgendwelchen Fachleuten überlassen. Gerade mit den „erfolgreichen" Psycho-Methoden muß die Auseinandersetzung dort und in der Ebene geführt werden, wo sie ihre „Erfolge" haben, nämlich von den Menschen, die mit Hilfe dieser Methoden indoktriniert werden.

Mein Text ist für Leser geschrieben, die sich mit der TA auseinandersetzen müssen, weil sie selbst oder ein Kind oder der Partner in Schule, Erziehung, Jugendarbeit, Fortbildung oder Ausbildung in TA-Aktivitäten verwickelt sind oder weil sie in Gremien zu diesen Aktivitäten Stellung beziehen müssen oder weil sie von TA-Geschädigten um Rat gebeten werden. Für diese unmittelbare Auseinandersetzung mit der verbreiteten TA-Literatur und den konkreten TA-Aktivitäten sollen den Betroffenen Kriterien, Gesichtspunkte, Hinweise und Materialien an die Hand gegeben werden, die sie instand setzen, sich gegen Manipulationen zur Wehr zu setzen und sich zu behaupten. Von dieser Absicht her hat der Text Traktat-Charakter.

Die Gedanken und Erscheinungen der TA, auf die sich meine Kritik richtet, sind durch charakteristische Zitate aus der populären TA-Literatur dokumentiert. Geist und Denkweise der TA kommen so unmittelbarer zum Vorschein als in der Beschreibung. Den Texten kritischer Autoren habe ich viel Platz eingeräumt, damit die Vielfalt und Vielschichtigkeit der Anfragen augenfällig wird und der Leser möglichst viel Material für sein eigenständiges Weiterdenken und für seine Argumentation zur Verfügung hat. Der Zitatesockel ist so ausgewählt, daß er viele Probleme hinsichtlich der Psycho-Methoden in der Kirche grundsätzlich zur Sprache bringt. Die Zitate möchte ich nicht im Sinne von „Wahrheitszeugen" verstanden wissen. Die Auseinandersetzung muß jeder in eigener Verantwortung führen. Das, was andere vor und neben uns gedacht haben, kann uns freilich helfen, unsere Auseinandersetzungen bewußter und breiter zu führen, zusätzliche Gesichtspunkte und Argumente aufzunehmen und die Gewißheit zu gewinnen, daß viele mit guten und unterschiedlichen Gründen sich gegen die Übergriffe der TA zur Wehr setzen.

Der breite Sockel der Zitate hat zum anderen mit der Verteidigungstaktik der TA-Vertreter zu tun. Nach jahrelangen Erfahrungen in literarischen und direkten Auseinandersetzungen mit Vertretern der TA zeichnen sich die Konturen einer Defensivtaktik folgender Art ab:
- Inhaltliche Diskussionen, die das TA-Konzept als Ganzes betreffen, werden weder intern noch gar mit Kritikern geführt.
- Inhaltliche Anfragen werden zum Personproblem oder zum Beziehungsproblem des Fragenden umgeformt. Die Kritik wird nach den Regeln der TA als Symptom des Kritikers verstanden und so hingestellt. Meine bisherigen Anfragen an die TA haben die TA-Vertreter bisher in keinem Punkt zu einer inhaltlichen Antwort bewegen können, sondern sie unisono zu der Diagnose veranlaßt, daß Fischers Erwachsenen-Ich getrübt sei und er gemäß der Spiel-Analyse im Dreieck von Verfolger, Opfer und Retter die Rolle des Verfolgers betreibe. Nach dieser Methode kann jede Kritik systemimmanent abgewehrt und der Bonus des Verfolgten reklamiert werden.
- Der Kritiker wird je nach Opportunität hingestellt als einer, der nicht informiert und nicht kompetent ist, der falsch zitiert und böswillig interpretiert, der bewußt mißversteht und diffamiert, der sich sperrt und der Analyse bedürftig ist.
- Gegen kritische Fragen an das TA-Konzept werden nicht rationale Argumente ins Feld geführt, sondern Bekenntnisse mit folgenden Schwerpunkten gesetzt:
„Was mir TA bedeutet."
„Wie mir die TA geholfen hat."
„Wie ich mit TA umgehe."
Diese Bekenntnisse führen in eine Ebene, die von keiner Kritik zu erreichen ist.

– Die TA-Vertreter behaupten: Über TA kann kompetent nur sprechen, wer sich ganz darauf einläßt. Wer sich aber darauf einläßt, der erfährt TA als positiv. Werden von einem, der TA praktiziert, dennoch kritische Fragen gestellt oder gar Kritik geübt, so ist das ein Indiz dafür, daß der kritische Frager den Kern der TA noch nicht verstanden hat, gegen die heilenden Wirkungen der TA Widerstand leistet und sich so selbst am eigenen Wachstum hindert.

Diese Strategie der Verteidigung, der Immunisierung, der Einschüchterung wirkt nur, solange es den TA-Vertretern gelingt, die Kritik zu personalisieren und die Kritiker zu analyse- und therapiebedürftigen Fällen zu erklären. Sie verliert ihre suggestive Kraft, wenn die Anfragen an die TA von vielen Seiten, aus unterschiedlichen Bereichen und aus unterschiedlicher Sicht zur Sprache gebracht werden. Eben dies leisten die vielen und daher bisweilen ausführlich zitierten Texte der anderen Autoren. Die Zitate sind im Druck so gekennzeichnet, daß der Leser sie leicht wiederfinden kann. Das Personenregister leistet dabei zusätzliche Hilfe.

1 Zum Dilettantismus

In der Diskussion um die TA im Bereich kirchlicher Arbeit geht es nicht um die Frage nach der analytischen und therapeutischen Kompetenz der wenigen, die nach den Grundsätzen der „Deutschen Gesellschaft für Transaktionsanalyse" voll ausgebildet sind. Der Maßstab für die Kompetenz ist ohnehin nur aus dem Konstrukt heraus definiert. Zur Debatte steht zum einen das Konstrukt als Ganzes. Zur Debatte stehen zum anderen Inhalte und Wirkungen jener TA, die durch die Populärliteratur und von vielen in Kurzkursen angelernten Amateurtherapeuten verbreitet werden und ausgehen.

Erfahrene und gebildete Psychologen und Analytiker stehen noch am Ende ihres Berufslebens staunend und immer wieder überrascht vor dem unergründlichen Labyrinth der menschlichen Seele und vor dem Rätsel der menschlichen Person; sie scheuen sich, abschließende Theorien aufzustellen. Sie wissen auch, wie schwierig es ist, wirkliche analytische Einsichten zu vermitteln. In ihrer Einführung in die Psychiatrie mahnt H. Bruch (49) zu äußerster Vorsicht, wenn sie sagt:

> „Um die Dinge zu vereinfachen, werden die hochkomplizierten theoretischen Abstraktionen nicht als das dargeboten, was sie sind, nämlich vorläufige Erklärungsversuche, die es ermöglichen, sich mit komplexen Themen zu beschäftigen, mit Themen, die häufig schwer zu definieren sind und in bildhafter, an Analogien reicher Sprache umschrieben werden. Sie werden vielmehr als ‚grundlegende wissenschaftliche Tatsache' vorgeführt, wobei die unangenehme Neigung besteht, ‚die Psychodynamik' mit den physikalischen Gesetzen zu vergleichen, als wenn sie dadurch ‚wissenschaftlich' würde."

Sie beklagt (Bruch 53):

> „Nicht selten werden aus Anfängern ‚Tiefgläubige', die auf diese Weise ihren Zweifeln und Unsicherheiten zu entkommen trachten."

Oder (Bruch 53):

> „Je unsicherer ein Therapeut ist, desto wahrscheinlicher wird er sich an stereotype Begriffe und an ein klischeedurchsetztes Vokabular klammern."

Diese Probleme kennt die TA offenbar nicht. Im Gegenteil; sie zählt es zu den fünf Vorteilen ihrer Methode, daß man ihre Grundideen in wenigen Minuten erklären kann.

„Siebenjährige Kinder sind imstande, das Konzept der TA aufzugreifen und es sinnvoll anzuwenden." (James/Savary 19) „In England wurden z. B. TA-Programme erfolgreich für erwachsene Analphabeten durchgeführt." (Rüttinger 14)

In der TA gehört es ferner zum Prinzip, die „stereotypen Begriffe" und das „klischeedurchsetzte Vokabular" von Anfang an einzubrennen. James/Savary (198), die ihr Buch als Lernprogramm für Gruppen verstehen, fordern den Gruppenleiter am Ende des 1. Kapitels (= der ersten Sitzung) auf:

> „Vergewissern Sie sich als Leiter, daß jeder Teilnehmer das TA-Konzept von den drei Ich-Zuständen versteht: ... Dieses Verständnis der Person ist die nötige Voraussetzung, um unser Buch zu verstehen. Sein ganzer Inhalt basiert auf diesem Konzept."

Damit ist der Deutungshorizont für alles folgende festgelegt. Kovel (190 f) bemerkt dazu:

> „Er (Berne) entfernte aus seiner Sprache alle Begriffe, die sich auf verborgene psychische Phänomene beziehen oder einen hohen Abstraktionsgrad aufweisen ... Jedenfalls hat TA eine Reihe von Symbolen geschaffen, die in Gruppen von Leuten, die sich kaum kennen, rasch benutzt werden können. Andererseits geht bei dieser Strategie aber auch die Dimension des kritischen Abstands verloren, denn die TA-Sprache gelangt nie über Selbstverständlichkeiten hinaus. Die Gruppe wird also auf der Ebene der unmittelbar offenkundigen (und deshalb gesellschaftlich sanktionierten) Erfahrung fixiert ... Verborgene Bedeutungen, die nicht mit Hilfe einer ‚Skript-Analyse' rasch aufgeklärt werden können, sind nicht erlaubt."

Mit dem Rüstzeug einer Handvoll von Klischees werden Menschen dazu verführt, sich und andere zu analysieren, werden in Gemeindegruppen, Konfirmandengruppen und Schulklassen analytische Prozesse ausgelöst, die der Leiter weder überblicken noch verantworten kann, sollen „geistliche Wachstumsgruppen" und Eheseminare durchgeführt, biblische Texte interpretiert, ja sogar Theologie und Theologiegeschichte betrachtet werden.

Die Kritik an dieser TA für jedermann ist inzwischen selbst von Transaktionsanalytikern engagiert vorgetragen worden. So schreibt C. Steiner (21 f), Freund und Mitarbeiter von Berne, schon 1974:

> „Ich befürchte, daß die Transaktionsanalyse, die ursprünglich für die theoretische und praktische Arbeit der Psychiatrie entwickelt worden war, wegen ihrer breiten Anziehungskraft und leicht eingängigen Grundzüge zu einem kommerzialisierten Konsumartikel wird und in gängigen Aufma-

chungen bald überall ‚von der Stange‘ in gängiger Ausführung einer zunehmenden Anzahl von Verbrauchern angepriesen wird. Bei dieser Vermarktung besteht nach meiner Beobachtung die Gefahr, daß sie schrittweise ihres Kernes beraubt wird und zu einer bequemen Theorie des common-sense verkommt, nach der Persönlichkeitsstörungen angeboren sind, Psychiater ihre Patienten wie Invaliden behandeln und durch die es wieder möglich ist, Menschen mit emotionalen Problemen als krank und unheilbar anzusehen. Nach meiner Beobachtung wird die Transaktionsanalyse gegenwärtig verflacht und uminterpretiert und durch eine profitorientierte Massenvermarktung ungeachtet ihrer wissenschaftlichen Integrität zerstört. Scherzhaft übertrieben erwarte ich, daß bald landauf, landab transaktionsanalytische Sporthallen entstehen, Kirchen und Imbiß-Buden, so, wie es heute schon transaktionsanalytische Heim-Lehrgänge gibt, Schallplatten, Hawaii-Touren und Schnellkurse für den geschäftlichen Erfolg.“

Steiner konnte nicht ahnen, daß die Wirklichkeit seine Befürchtungen und Phantasien schnell überholen wird. Aber die Selbstreinigung der TA muß uns hier nicht interessieren. Interessieren aber muß die Kirche, was da eigentlich geschieht, wenn ihre Mitarbeiter sich in allen Bereichen von Seelsorge und Gruppenaktivitäten als Amateur-Analytiker dieser Art versuchen. Ausgestattet mit 3 Dutzend Begriffen und einem simplen geometrischen Regelsystem wird menschliches Verhalten und damit das Gegenüber gedeutet. Mit einer festgelegten Terminologie wird die Wahrnehmung des Selbst und des anderen auf eben diesen terminologisch abgesteckten Horizont festgelegt. Nach Holloway stellen die Ich-Zustände die „beobachtbare Art und Weise des Seins“ dar (Barnes II, 28). Eigenes und fremdes Menschsein wird durch die Sprachregelung der TA auf bestimmte Hinsichten und Muster festgeschrieben. Die menschliche Offenheit, sich selber auszusprechen, wird abgeschnitten, das „Mögliche“ wird ausgeschlossen, die freien Äußerungen werden in das Konstrukt vereinnahmt. So bekommt der im TA-Muster Denkende den anderen über sein Konstrukt „in den Griff“. Wer den sprachlichen Vorentwurf der TA übernimmt, der biegt sich damit zwangsläufig in das Rasternetz dieses Konstrukts hinein. Auf diese Weise setzt er sich selbst und andere darin gefangen und schneidet alles ab, was im TA-Sprachentwurf nicht vorgesehen ist. So beherrscht der Sprachentwurf der TA den Therapeuten und die Therapierten. Der Therapeut aber beherrscht mit seinem Sprachüberwurf sein Gegenüber. Menschen in TA-Kategorien verrechnen heißt: sie manipulieren.

2 Therapie im kirchlichen Raum

Die TA wurde von Berne „ursprünglich für die theoretische und praktische Arbeit der *Psychiatrie* entwickelt" (Steiner 21) und als „*therapeutische* Technik" ersonnen. (Steiner 23). Therapie hat es mit *kranken* Menschen zu tun. Sie vollzieht sich in einem *vertraglich definierten* Raum.

Die in der Populärliteratur und in Kursen angebotene TA versteht sich im weitesten Sinn als *Lebenshilfe für alle* und als spezielle Hilfe in zwischenmenschlichen Prozessen aller Art:
- als Hilfe zur Selbstverwirklichung (James/Jongeward)
- als Hilfe für Erziehunsprozesse (Babcock/Keepers, in der Selbstanzeige als „Gesamtdarstellung einer Pädagogik" vorgestellt)
- als Hilfe für schulischen Unterricht (Wandel)
- für die Arbeit mit Kindern (Kleinewiese)
- als Hilfe für religiöses Wachstum und für die Kirche (James/Savary)
- für Banken, Fluglinien, Wettbüros (Steiner 23)
- für Führungskräfte, Verkäufer, Trainer (Rüttinger 14; Bennett)
- für das Geschäftsleben und für die Industrie (James/Savary 18; Rüttinger/Kruppa)
- für die Alltagspraxis der Polizei (Schmolz, Eckert)
- für Eheberatung (Clinebell)
- für Krisenberatung (Harsch a)
- als Hilfe für Suchtkranke (Harsch b)
- generell als „Lösung für das Dilemma des Menschen" (Harris 242)

Wenn die TA ihr theoretisches Grundkonzept beibehält, faktisch aber alle Menschen zu ihrer Zielgruppe erklärt, so kann das nur heißen, daß sie alle Menschen als Kranke betrachtet oder als Kranke behandelt. Die TA verläßt mit dieser Ausweitung ihrer Zielgruppe außerdem den Raum eines umschriebenen Vertragsverhältnisses wie es zwischen Therapeut und Patient besteht; sie wird auf diese Weise zum Machtinstrument gebenüber dem ahnungslosen Gegenüber. Der Transaktionsanalytiker Steiner greift diese Praktik scharf an:

„Die Transaktionsanalyse wurde als kooperativer Prozeß bei gegenseitiger Übereinkunft entwickelt. Wird sie in einer Situation deutlichen Machtgefälles zur Verhaltenskontrolle der einen Seite mißbraucht, dann gleicht dieses Verfahren einem Händler, der seinem Kunden ein Betäubungsmittel ins Getränk schmuggelt, um ihn so zum Kauf eines Gebrauchtwagens zu verleiten." (Steiner 24)

Wenn die TA außerhalb eines klaren Vertragsverhältnisses als Machtinstrument benutzt werden kann und an Menschen vermittelt wird, denen gleichzeitig als Maxime mitgegeben wird „für sich selber sorgen zu lernen", so wird man sich über den „Gebrauch" der TA in den genannten Bereichen einige Gedanken machen dürfen.

Was bedeutet es ferner, wenn mit dem TA-Konstrukt als dem Modell von Persönlichkeit in der Kirche gearbeitet wird?

– Kirchliche Arbeit ist nicht Arbeit an psychisch Kranken, sondern an und mit Menschen, seien sie krank oder gesund.

– Kirchliche Arbeit ist – abgesehen von spezieller Beratung durch Fachkräfte – nicht Therapie, sondern Begegnung von Mensch zu Mensch.

– Kirchliche Arbeit vollzieht sich nicht in einem vertraglich umschriebenen Feld, sondern im freien Gegenüber von Menschen.

Wer generell mit TA-Kategorien im Kopf seine Arbeit in Seelsorge, Unterricht und Predigt tut, der betrachtet die anderen, wissend oder unwissend, als psychisch Kranke, als potentiell zu Therapierende. H. von Hentig (8) formuliert das für den pädagogischen Bereich so:

„Therapie' ist es nicht – und ist es doch: Es ist Therapie am falschen Platz und in der Hand der falschen Leute; Therapie ohne Grund; ‚Therapie für Normale', wie es die Leute selber nennen; Therapie zumal in Gruppen von Menschen, die miteinander nichts zu tun haben, die weder aneinander kranken, noch aneinander gesund werden können."

Wer mit Menschen nach TA-Gesichtspunkten umgeht, der muß wissen, daß er sie mittels einer therapeutischen Technik behandelt. Er selbst bringt sich dabei zwangsläufig in die Rolle des Therapeuten, der den anderen strukturell überblickt und dessen Problem durchschaut. Das Ganze geschieht, da der andere im Normalfall dies alles nicht weiß, in einem vertragslosen Raum. Es ergibt sich so nicht nur die Gefahr des Machtmißbrauchs; in jedem Falle entsteht eine Disproportion im Verhältnis der Partner.

Dies alles drängt in eine Ebene ab, in der der entscheidende Punkt seelsorgerlicher Dimension aus dem Blick gerät. Denn hier geht es im letzten nicht darum, daß der andere durch das, was ich an ihm therapeutisch „mache", geistig *gesund* wird (wer immer „gesund" definieren will), sondern darum, daß wir aus dem, was wir alle gleichermaßen nur empfangen können, *heil* werden. Dieses Heil liegt jenseits von dem und quer zu dem, was wir als gesund oder krank festlegen.

3 Zur Ontologie

Die TA möchte sich als eine weltanschaulich und anthropologisch neutrale Behandlungsmethode verstanden wissen. Offenbar sind die Vertreter der TA der Meinung, daß ihr Konstrukt jene fundamentale Struktur des Menschen freilegt, die allen speziellen Ausformungen von Menschsein gleichermaßen zugrunde liegt. Das mag ein Wunschbild sein.

Alle psychologischen Entwürfe tragen die Züge ihrer Erfinder. Das ist hinlänglich bekannt. Was aber grundsätzlicher ist: jeder psychologische Entwurf enthält auch implizit eine Anthropologie, und in jedem therapeutischen Vorgang sind ontologische Voraussetzungen enthalten. Die Frage kann also gar nicht lauten, ob die TA ontologische Voraussetzungen macht, die Frage ist nur, von welcher Art ihre ontologischen Aussagen sind.

Was ist der „Strukturanalyse" zu entnehmen? Berne stuft die Freud'schen Instanzen (Es, Ich, Über-Ich) als theoretische Begriffe ein, versteht aber seine Ich-Zustände als „erfahrbare und sozial bedeutsame Realitäten" (Schlegel 247). Harris (33) bestätigt die Ich-Zustände durch ein Berne-Zitat ebenfalls als „phänomenologische Realitäten". Holloway (Barnes et al., II, 28) besteht sehr betont darauf, „die Ich-Zustände als erfahrbare Realitäten, statt nur als brauchbare Ideen anzusehen". Steiner (41) schärft ein, die Ich-Zustände seien „keine hypothetischen Konstrukte, sondern im offenen Verhalten sichtbar". Ebenso betont Rogoll (a22): „Die drei Ich-Zustände unterscheiden sich von Freuds theoretischer Dreiteilung Überich – Ich – Es durch Wirklichkeit, Anschaulichkeit, Erscheinungsform und Lebendigkeit." Die popularisierte TA thematisiert dieses Problem nicht besonders, sondern geht ganz selbstverständlich von den Ich-Zuständen als von unbefragbaren Realitäten aus. Die drei Ich-Zustände werden als die Grundrealitäten des Menschseins dargestellt.

Kovel (191) sagt zu diesen Festschreibungen vom Menschsein:

„Wie schon bemerkt, werden die geheimnisvollen Dimensionen der Psyche verboten. Aber es ist nicht unwichtig, wodurch sie ersetzt werden. An die Stelle der psychologischen Tiefe treten nämlich die theoretischen Begriffe von Berne. Die Menschen werden mit diesen Begriffen identisch; sie werden zu einer Sammlung von Spielen und Ich-Zuständen, die im Leben der Gruppe umgehen."

„Freud konnte das psycho-historische Kräftespiel mit kritischem Abstand erörtern, weil er das Über-Ich und das Es zu theoretischen Abstraktionen gemacht hatte. Wenn man sie auf so banale Weise zu Ich-Zuständen konkretisiert wie Berne, Harris und ... auch Steiner, dann macht man sie zu den Clowns einer Situationskomödie." (Kovel 193)

Die TA versteht ihr Konstrukt als die Realität des Psychischen und – wie sich noch zeigen wird – als die Realität von Menschsein. Indem sie ihre hypostasierten Begriffe in den Rang des Objektiven erhebt, ontologisiert sie faktisch ihr Konstrukt und verdinglicht damit den Menschen.

Der Theologe wird selbst in dieser Abstraktionsebene das alte „Du sollst dir kein Bildnis machen" nicht aus den Augen verlieren.

Amerikanische Pastoralpsychologen, die noch vor einem Jahrzehnt die Seelsorge der Psychologie recht unreflektiert ausgeliefert haben, stehen heute ihrem ehemals eigenen Konzept sehr kritisch gegenüber. Für das hier anstehende Problem greife ich eine Äußerung von Th. C. Oden heraus. Er stellt im Blick auf die auch bei uns allherrschende Supervisionsideologie fest:

„... daß die Psychoanalyse dem geistlichen Amt nicht dienen kann, ohne artfremde Aussagen und Bindungen an Philosophien, die der Sendung Christi ablehnend gegenüberstehen, mit einzubeziehen. Die Psychoanalyse kann nicht mehr als fragloses Modell für christliche Seelsorge dienen. Ihr soziales Versagen ist inzwischen allenthalben bekannt. Sie war ein bevorzugtes Instrument für die Aushöhlung und Zerstörung des Gewissens, die im 20. Jahrhundert aufkam. Und doch gehen einige ‚Spätzünder' davon aus, daß Freud'sche Methoden und Wertvorstellungen selbstverständlich für Seelsorge bestimmend sind." (Oden b 62)

4 Zum Verständnis der Persönlichkeit

Das Thema „Persönlichkeit" wird in der TA weder extensiv noch explizit reflektiert. Die TA ist eine pragmatische Therapie. Aber in dem, was sie im Blick auf die Persönlichkeit sagt, und mehr noch in dem, was sie darüber nicht sagt und worauf sie ihr Augenmerk richtet, zeigt sich das dem Konstrukt innewohnende Verständnis des Menschen, die latente Anthropologie.

Die TA tritt faktisch mit dem Anspruch auf, den gesunden Menschen hervorzubringen. So sagen Babcock/Keepers (21): „In den letzten Jahrzehnten wurden neue Theorien über die menschliche Persönlichkeit entwickelt ... Eine davon ist die Transaktionsanalyse." Bei den Worterläuterungen wird von den gleichen Verfassern (312) die TA vorgestellt als „eine Theorie der Persönlichkeit und menschlichen Entwicklung, die auf der Erforschung der Ich-Zustände beruht." Dusay (Barnes et al., I, 54) betont sogar, daß die TA die Persönlichkeit umfassend darstellen will, wenn er schreibt:

> „Da die Transaktionsanalyse heute eine *vollständige Persönlichkeitstheorie* darstellt, erklärt sie, warum sich Menschen voneinander unterscheiden und sich im Kontakt mit anderen in der ihnen eigenen Weise verhalten."

Berne (c 25) versteht die drei Ich-Zustände als „Struktur-Diagramm einer Persönlichkeit". Dieses Diagramm

> „stellt ein *vollständiges* Persönlichkeitsdiagramm für alle denkbaren Menschentypen dar und umfaßt alles, was ein Mensch fühlt, denkt, sagt, usw."

Selbst wenn dies alles nicht gesagt wäre, ließe es sich aus dem Ziel der TA ermitteln. Die TA hat das Ziel, das Erwachsenen-Ich zu stärken, ihm über die negativen Anteile des Eltern-Ich und des Kindheits-Ich zur Vorherrschaft zu helfen und die positiven Anteile dieser beiden Ichs in das Erwachsenen-Ich zu integrieren. Nach James/Savary (32):

> „Wünschenswert ist eine glückliche Mischung von EL (Eltern-Ich), ER (Erwachsenen-Ich) und K (Kindheits-Ich), wobei das ER am Steuer sitzt."

Dies ist die „ausgewogene und reife Persönlichkeit" (ebd.). James/Jongeward (302) sprechen vom „integrierten Erwachsenen-Ich" und erläutern (304):

„Das integrierte Erwachsenen-Ich scheint dem zu entsprechen, was Erich Fromm den ‚neuen Menschen' und Abraham Maslow den ‚sich selbst verwirklichenden Menschen' nennt."

Nach dem Verständnis der TA ist die Struktur der menschlichen Persönlichkeit mit den drei Ich-Zuständen vollständig umschrieben.

Wie rigide geschlossen dieses Konstrukt ist, in welchem Maße es die anderen im TA-Konstrukt nicht enthaltenen Dimensionen eliminiert, ja negiert, und mit welcher Gewalt selbst die Schatten dieser Dimensionen in das Konstrukt hineingebogen und darin verrechnet werden, illustriert Harris (240):

> „Nur das emanzipierte Erwachsenen-Ich kann sich mit dem emanzipierten Erwachsenen-Ich anderer *darüber einigen, worin der Wert von Menschen liegt.* Wir sehen ein, wie unangemessen Worte wie ‚Gewissen' sind. Wir müssen fragen: ‚Was ist diese kleine dünne Stimme in uns? Was ist dieses Gewissen, nach dem wir leben? Kommt es vom Eltern-Ich, vom Erwachsenen-Ich oder vom Kindheits-Ich?'"

Hemminger bringt das methodologisch auf den Begriff, wenn er sagt (a 120):

> „Beschränkt auf ihre eigene Methodik bestätigt jede Schule der Tiefenpsychologie nur das, was sie bereits theoretisch voraussetzt."

Für uns ergeben sich daraus eine Reihe von Anfragen, die später aufgenommen werden. Hier soll zunächst die Anfrage an die im TA-Konstrukt zutage tretende Selbstverstümmelung von Menschsein weiterverfolgt werden.

Das Defizit der TA wird noch vor jeder theologischen Überlegung, also bereits im Bereich der psychologischen und philosophischen Anthropologie, offenbar. In der Psychologie und Philosophie weiß man nicht erst seit gestern, daß es für Menschsein konstitutiv ist, sich selber zu transzendieren, und zwar insbesondere auf Sinn hin zu transzendieren. Das ist noch gar nicht spezifisch-theologisch gemeint. Frankl (a 34) sagt das sehr persönlich so:

> „Menschsein heißt ausgerichtet und hingeordnet sein auf etwas, das nicht wieder es selbst ist. Sobald menschliches Dasein nicht mehr über sich selbst hinausweist, wird Am-Leben-Bleiben sinnlos, ja unmöglich. Dies war zumindest die Lehre, die mir in 3 Jahren zuteil wurde, die ich in Theresienstadt, Auschwitz und Dachau verbringen mußte ..."

Frankl (d 155) folgert:

> „Menschsein ist in dem Maße gestört, in dem es diese Selbst-Transzendenz nicht verwirklicht und auslebt."

Wo die Sinn-Dimension ausgeblendet wird, da muß die Beschäftigung mit den Transaktionen zum Sinn-Ersatz werden. Im Blick auf die Konstrukte und die Praxis der Humanistischen Psychologie sagt Frankl (e 232):

> „In einem leer und sinnlos gewordenen Leben, in einem ‚existentiellen Vakuum' ... hypertrophiert der Hang und die Neigung, sich selbst zu bespiegeln, sich selbst zu beobachten, alles vor jedem auszubreiten, alles mit jedem zu diskutieren. Ins existentielle Vakuum hinein wuchert anscheinend nicht nur die Neurose, sondern auch ihre Pseudo-Therapie."

Nach der TA-Theorie sind wir Menschen durch unsere Biographie, insbesondere durch die elterlichen Befehle, voll programmiert und tragen unsere Programme in einer Art Tonband-Speicher in unseren Hirnen mit uns. Diese Vorstellung vom programmierten Menschen ist Grundlage der in der TA praktizierten Skript-Analyse. Dieses persönliche Lebens-Skript, dem jeder folgt, beruht nach Berne (c 47) auf einer „parentalen Programmierung". Dazu Berne (c 95):

> „Im praktischen Leben bedeutet das Programmieren, daß ein gegebener Stimulus mit einem hohen Wahrscheinlichkeitsgrad eine bereits fest verankerte Reaktion auslösen wird. In phänomenologischer Hinsicht bedeutet die Programmierung durch die Eltern, daß jede Art von Reaktion durch elterliche Direktiven bestimmt wird, d. h. durch vorher aufgenommene Tonstreifen, auf denen man die betreffenden Stimmen deutlich hören kann, wenn man nur sorgfältig auf das achtet, was sich gerade im eigenen Kopf abspielt."

Schlegel (134) charakterisiert das so:

> „Es ist, wie wenn jemand an einem elektrischen Klavier sitzen und spielen würde, ohne zu bemerken, daß er immer nur diejenigen Tasten drückt, die ohnehin nach dem vorgestanzten Programm angeschlagen werden."

Wie umfassend die Programmierung ist, verdeutlichen Babcock/Keepers (69):

> „Zusätzlich zu unserer umfassenden und allgemeinen Programmierung durch das Skript haben wir auch sehr bestimmte Programmierungen im Hinblick auf Ehe, Kinder und Erziehung." (Es handelt sich hier um ein Erziehungsbuch. Andere Bereiche brächten weitere Programme an den Tag.)

Auf die behavioristischen Elemente in diesem Ansatz hat Dienst (64 f) hingewiesen.

Die TA redet von Beziehungen/Transaktionen aufgrund von Programmen, abgesehen von Sinn. Beziehungen zwischen Menschen (wenn man schon nur von ihnen redet) sind nicht Beziehungen schlechthin, in die dann vielleicht auch einmal – also additiv – dieser oder jener Sinn hinzutreten oder eingehen kann. Vielmehr sind in allen menschlichen Beziehungen Sinnelemente bereits enthalten und eben diese Sinnelemente qualifizieren, prägen, verändern und färben alles, was zwischen Menschen geschieht. Wird die Dimension von Inhalt und Sinn in der Beziehungsebene nicht bereits mitgedacht, so wird die Beziehung ihrer spezifisch menschlichen Dimension beraubt.

Aus der Sicht der Kommunikationstheorie hat Watzlawick hinreichend geklärt, daß Kommunikation allemal einen Beziehungsaspekt und einen Inhaltsaspekt hat. Frankl (d 164) betont:

> „Tatsächlich sind die menschlichen Phänomene jeweils auf einen intentionalen Gegenstand hingeordnet und ausgerichtet, und Sinn und Werte sind intentionale Gegenstände solcher Art. Sinn und Werte sind der Logos, auf den hin die Psyche sich selbst transzendiert."

Sinn als Inhalt ist ein Drittes zwischen Menschen, ein „Zwischen" (Buber), etwas, das den einzelnen und die einzelnen transzendiert. Wird dieser Sinn abgeblendet und die Beziehung selbst zum Inhalt und Sinn gemacht, so wird Menschsein in das Getto eines reinen Beziehungsgefüges zurückgestoßen. Hier schließt sich dann der Kreis:

> „Sobald wir uns anthropologisch dem Modell eines geschlossenen Systems verschreiben, sind wir motivationstheoretisch blind für das, was den Menschen von außen anzieht, und bemerken nur noch, was ihn von innen treibt." (Frankl, d 164)

Die TA bleibt an diesem entscheidenden Punkt weit hinter dem zurück, was von der philosophischen und psychologischen Anthropologie längst erkannt ist, und hat selbst im philosophisch-psychologischen Sinne nicht den ganzen Menschen im Blick. Das Problem liegt nicht darin, daß sich eine bestimmte Psychologie auf einen bestimmten psychologischen Phänomenbereich spezialisiert. Das Problem entsteht dort, wo ein Phänomenbereich und der Aspekt, unter dem er betrachtet wird, zum Ganzen hochstilisiert, d. h. in Richtung Menschsein generalisiert wird. Die Generalisierung bzw. Ontologisierung ist die Kehrseite der vorausgegangenen Reduktion. Reduktion aber, die ihren Aspekt für das Ganze nennt, ist Reduktionismus. In diesem Sinne ist die TA eine Spielart von Psychologismus, jener Form von Reduktionismus, in der der Mensch auf bestimmte psychische Phänomene reduziert wird. Da die TA die menschliche Persönlichkeit in Ich-Zuständen und deren Transaktionen verrechnet, handelt es sich noch spezieller um Transaktionismus. Frankl charakterisiert aus philosophischer Sicht den Psychologismus als „Psychologie ohne Logos" (e 223), als „pseudo-humanistisch" (e 221) und als „Homunkulismus" (g 245). Er erläutert:

> „Solange ... nur die Automatie eines seelischen Apparates gesehen wird, wird die Autonomie der geistigen Existenz übersehen." (Frankl g 245)

Damit aber ist ein für das Menschsein konstitutives Element eliminiert.

Von der Dimension des Sinnes her muß auch das der TA zugrundeliegende Axiom befragt werden, wonach im Menschen ein direkter Kausalzusammenhang zwischen früheren Erfahrungen und späterem Verhalten besteht. Die TA geht von einem solchen Kausalzusammenhang aus und greift dazu auf die strenge Form der Traumatheorie zurück.

> „Die Traumatheorie nimmt an, daß früh entstandene traumatische Engramme zwar unbewußt werden, durch spätere Erfahrungen aber nicht mehr verändert oder gelöscht werden können" (Hemminger a 80),

es sei denn durch eine Umprogrammierung im Sinne der TA. Diese mechanistische Entwicklungsvorstellung ist dort nicht verwunderlich, wo Sinn ausgeblendet wird. Hemminger hat in psychologischer Argumentation gezeigt, wie fragwürdig dieses der TA zugrundeliegende Axiom ist. Nach Watzlawick (126)

> „ist nicht nur ... die angebliche Bedeutung des Kausalzusammenhangs zwischen bestimmten Faktoren in der Vergangenheit (Pathogenese) und bestimmten anderen in der Gegenwart (Symptomatik) fragwürdig, sondern ganz besonders das Postulat des Erkennens dieses Zusammenhangs (Einsicht) als Vorbedingung einer Änderung. Im alltäglichen Leben ist Einsicht kaum je der Begleiter, geschweige denn der Vorläufer von Wandlung und Reifen."

Im übrigen dürfte es unmittelbar einsichtig sein, daß ein neuer Sinnhorizont, ja überhaupt der Faktor Sinn/Intention/Inhalt, neue Erfahrung schafft, Erfahrung neu qualifiziert und so zu einem neuen Verhalten führt, ohne daß Engramme bewußt erkannt, „Umprogrammierungen" bewußt vollzogen oder erst durch eine Therapie möglich gewordene Neuentscheidungen für ein neues „Skript" getroffen werden.

Die anthropologische Engführung der TA ist von der psychologischen und philosophischen Kritik bereits deutlich gemacht worden. Die theologische Reflexion wird über beide noch einen grundsätzlichen Schritt hinaus tun müssen. Denn der „neue Mensch", wie ihn die Bibel versteht, geht über das hinaus, was der Mensch durch die Analyse seines Daseins selbst herauszufinden vermag. In der Formulierung von Jüngel (343 f):

> „Die theologische Rede vom eschatologisch neuen Menschen geht deshalb notwendig über die Selbsterfahrung des Menschen hinaus, indem sie diesem auch mit seiner Selbsterfahrung noch einmal eine Erfahrung zu machen zumutet",

die Erfahrung nämlich, daß Menschsein durch ein extra nos konstituiert und erst darin ganz wird. Selbstverständlich wird von einer psychologischen Anthropologie nicht zu fordern sein, daß sie die eigene Selbsterfahrung bereits transzendiert. Umgekehrt aber ist zu sehen, daß eine psychologische Anthropologie, die Selbst-Transzendieren bereits in ihrem Ansatz eliminiert und den Menschen ganz bei sich (d. h. bei den Ich-Zuständen und deren Beziehungen zueinander) festhält, den Menschen just in jener Ebene einschließt, aus der Verkündigung gerade herausführen will.

Wenn die TA sagt:

> „Die Erringung der Autonomie ist das höchste Ziel der Transaktionsanalyse" (James/Jongeward 297),

so steht dem die theologische Aussage gegenüber und entgegen:

> „Der christliche Glaube versteht diese ontische Tendenz des Menschen zur Selbstbegründung als Sünde" (Jüngel 352).

Was Jüngel theologisch abstrakt formuliert hat, meint G. Hennig (12) sehr gezielt, wenn er feststellt,

> „daß die Bibel genau das, was heute Selbstverwirklichung heißt, in der Regel als Sünde bezeichnet".

Wir stehen an dieser Stelle vor der Frage nach unserem Auftrag. Ist es unsere Sache, jene Selbstverwirklichung des Homo incurvatus in se, d. h. den „neuen Menschen" der Humanistischen Psychologie und der TA zu fördern, oder aber jenen neuen Menschen der Bibel zu bezeugen, der sein Leben aus der Begegnung mit einem anderen empfängt und sein Menschsein in diesem Gegenüber, Gott, konstituiert weiß. Man kann nicht das eine tun und das andere wollen.

5 Die Sprache als Hinweis

Die Terminologie, in der die TA sich selbst formuliert, sagt über das zugrundeliegende Bild vom Menschen mehr aus als die expliziten Beschreibungen der einzelnen Ich-Zustände oder der integrierten Persönlichkeit. Einzelne sprachliche Entgleisungen, zumal für europäische Ohren, sind nicht das Problem. Die Summe der Schlüsselbegriffe und ihre wechselseitige Verflechtung gibt Sinn.

Die TA legt Wert darauf, daß ihr System als *wissenschaftlich gesichert* verstanden wird.

- Sie stellt sich vor als „eine anerkannte und in vielen Teilen der Welt akzeptierte Psychologie" (James/Savary 18). Von wem eigentlich?
- die Ich-Zustände werden als wissenschaftlich unbestreitbare Realitäten hingestellt, die Berne „deutlich voneinander abgrenzen konnte" (Harsch a 61).
- Die „Streicheleinheit" wird zur „grundlegenden Maßeinheit allen sozialen Tuns" erklärt (Berne, b 15).

Seelisches wird quantifiziert und vermessen, als handelte es sich um Faktisches und Objektives und um Dingliches. Seelisches wird so handhabbar wie Gegenständliches jeglicher Art.

Dem szientistischen Selbstverständnis entsprechen die *mechanistischen* Denkmuster.

- Das Eltern-Ich wird stereotyp als „Tonbandspeicher" bzw. als „Videoband" beschrieben und entsprechend verstanden.
- Erwachsenen-Ich und Gehirn werden ebenso regelmäßig als „vollendete Computer" oder als „Computer-System" eingeführt. Dazu Kovel (192): „Der ‚Ich-Zustand' ist für die Vertreter der TA nichts als ein Geflecht von Erinnerungsspuren in den Gehirnnerven."
- Der elterliche Anteil im Kindheits-Ich wird als „Elektrode" bezeichnet.
- In unserem Leben folgen wir einem „parentalen Programm" und sind darüberhinaus in allen Lebensbereichen „vorprogrammiert" oder „programmiert". Soll sich etwas in unserem Leben ändern, so muß das jeweilige alte Programm gelöscht und ein anderes

Programm eingegeben werden. Eine Neuprogrammierung muß stattfinden.

- „Streicheleinheiten" werden wohldosiert, berechnend und bewußt eingesetzt, als handelte es sich um dosierbare Medikamente. Harsch (a 67): „TS kann verstanden werden als ein wirksames Instrument, StE verbal zu erteilen und Menschen damit am Leben zu erhalten." (TS = Telefonseelsorge, StE = Streicheleinheit)
- Berne (a 62) erläutert das „Energiesystem" Mensch mit den Vorgängen in einem Benzinmotor.

Psychische Prozesse werden in isolierbare Größen auseinandergelegt, menschliche Beziehungen werden in graphischen Anordnungen operationalisierbar, Gesundheit wird machbar, Heilung wird produzierbar. Psychische Prozesse werden auf technische Mechanismen reduziert.

Das mechanistische Denken wird mit den Denkmustern einer *Waren-und Verbrauchergesellschaft* verschränkt; merkantile und monetäre Terminologie bricht hier voll durch.

- Die quantifizierbaren, nach 4 Qualitäten unterschiedenen und sogar numerierbaren Streicheleinheiten stehen im großen Zusammenhang einer „Streichelökonomie". (Babcock/Keepers 35 u. 39)
- Manche Menschen treiben eine „Streichelsparwirtschaft". (ebd.)
- Streicheleinheiten kann man wie „Rabattmarken" sammeln; es gibt deren braune, rote, goldene, mit denen man seine Markensammlung „bereichern", die man auch „einlösen" kann. Sogar ein „Hauptpreis" ist zu erhalten. (Rogoll a 52)
- Schlechte Gefühle werden „getauscht"; es gibt sogar einen „Gefühlshandel" und eine „Währung" der Maschen. (Rogoll a 51 f.)
- Während das ER seinen Geschäften nachgeht, „späht das K eifrig nach einem besonderen zusätzlichen Gewinn (dem Rabatt) aus." So entsteht ein regelrechtes „Rabattmarkengeschäft". (Beides Rogoll a 51)
- Im Zusammenhang mit „psychologischen Gutscheinen" ist von „Prämienscheinen", „Minimalprämien", „fetten Prämien" und „Spielgewinn" die Rede. (Berne, c 128 ff)
- Am Ende von psychologischen Spielen kommt es zu einer „Gewinnauszahlung". (Babcock/Keepers, 311)

- Ebenfalls der freien Marktwirtschaft ist die unausgesprochene Vorgabe der TA nachempfunden, wonach meine Selbstverwirklichung auch automatisch den anderen zugute kommt und zu einer umfassenden Harmonie führt.
- Der Schlüsselbegriff der TA und das Denkmodell für menschliche Interaktion sind den Vorgängen im Geld- und Warenverkehr nachgebildet. Dazu Schlegel (58):

> „Den Begriff ‚Transaktion‘ entnahm Berne der Geschäftswelt, denn er nahm an, daß Leute, die zueinander sprechen, immer auch etwas voneinander wollen. Darum würden sie überhaupt miteinander sprechen; darum gäbe es so etwas wie eine Gesellschaft. ‚Leute sprechen zueinander, weil sie Vorteile oder Gewinne daraus ziehen.‘"

Dazu Harris (12):

> „Eine ‚Transaktion‘ im speziellen psychologischen Sinne ist gewissermaßen ein seelischer Geschäftsabschluß zwischen zwei Menschen. Der eine bietet ‚etwas‘ (ein Verhalten) an, der andere steigt in das Geschäft ein und nimmt das Angebot ab, indem er in entsprechender Währung zurückzahlt."

Wer es bis dahin noch nicht getan hat, der wird von der TA darauf gestoßen, menschliche Interaktion in den Mechanismen und nach den Regeln der westlichen Konsumgesellschaft zu deuten und diese für psychische Naturgesetze zu halten. Gefühle werden vom Menschen losgelöst wie eigenständige Substanzen behandelt, wie Handelsobjekte in den Umlauf gebracht, getauscht, verrechnet, berechnend eingesetzt.

Bemerkenswert ist schließlich noch eine Sprachschicht, die der Comic-Literatur nahesteht.
- Die TA-Szene ist von Prinzen, Prinzessinnen und Fröschen, von Antreibern und Erlaubern, von spongies, spunkies und sleepies bevölkert.
- Der Umgang der Menschen miteinander wird auf hooks, strokes, rackets und kalte fuzzies zusammengestrichen.
- Menschliche Beziehungen werden in stereotypisierte „Spiele" aufgeteilt.

6 Das Persönlichkeitsideal

Zielvorstellung und Idealbild von Persönlichkeit zeigen sich dort, wo die TA von dem „integrierten Erwachsenen-Ich" und vom „Gewinner" redet. Das Erwachsenen-Ich soll ja gestärkt werden und die beiden anderen Ich-Zustände in harmonischer Weise integrieren, dabei aber am Steuer bleiben. Berne spricht von der „Hegemonie des Erwachsenen-Ichs" (Schlegel, 33). Wie ist dieser führende Zustand vorgestellt? Rogoll (a 14) führt aus:

> Das Erwachsenen-Ich „arbeitet wie ein Computer; mit ihm beobachten wir objektiv unsere Umgebung und wägen Möglichkeiten und Wahrscheinlichkeiten auf Grund früherer Erfahrungen ab. Das ER stellt unseren leidenschaftslosen, fantasielosen und nüchternen Persönlichkeitteil dar, der mit den fünf Sinnen Tatsachen und Informationen aus unserer Umgebung und aus uns selbst sammelt, sie nach einem logisch ablaufenden Programm verarbeitet und schließlich daraus Konsequenzen zieht. Im ER arbeiten wir abgesondert von unseren Gefühlen und Stimmungslagen, was für ein unvoreingenommenes Betrachten und Erkennen der Wirklichkeit unabdingbare Voraussetzung ist; es können aber Gefühle der beiden anderen Ich-Zustände informativ mitverwertet werden."

Babcock/Keepers (53):

> „Die Stimmlage von Astronauten, die mit dem Bodenkontrollzentrum sprechen, ist ein ausgezeichnetes Beispiel für die Stimme des Erwachsenen-Ichs."

Zum Grundwortschatz des Erwachsenen-Ichs gehören die Fragewörter: warum, was, wo, wer, wie? (Harris 88) Aufnahme von Informationen und Datenverarbeitung mit dem Ziel, die Realität objektiv zu erfassen, charakterisieren diesen Ich-Zustand. Das Idealbild des „objektiven" Wissenschaftlers, des kühl kalkulierenden Managers, des Mannes, der selbst unter größter Belastung den klaren Verstand behält und es schon schaffen wird, steht als Ideal im Hintergrund.

Dazu tritt die Vorstellung vom „Gewinner". Jeder Mensch ist als Gewinner geboren, ist – in TA-Sprache – „potentieller Prinz" oder „potentielle Prinzessin" (James/Jongeward 110). Die TA hat das Ziel, Menschen dazu zu helfen, daß sie Gewinner bleiben oder Gewinner werden. Ein Gewinner ist vor allem „autonom".

Er „übernimmt … allein die Verantwortung für das eigene Leben und räumt keinem eine falsche Macht über sich ein. Er ist sein eigener Chef und weiß es auch." (James/Jongeward 18)

Gewinner ist nach Berne (c 364):

> „Jemand, der ein von ihm selbst gestecktes Ziel erreicht."

Sozialer Erfolg ist kennzeichnend für den Gewinner. Demgemäß sind Verlierer, die ihr erklärtes Ziel nicht erreichen, die sozial Erfolglosen, die ewig Zweiten. „Nichtgewinner" ist nach Schlegel (84) demnach auch, „der neun Bomben abwerfen wollte und nur fünf Bomben abgeworfen habe".

Da beim Gewinner das Erwachsenen-Ich in idealer Weise die Oberhand hat, kann von ihm gesagt werden:

> „Er spielt seine eigene Melodie, ein tapferer Improvisator, welcher der Welt allein gegenübersteht." (Schlegel 180)

Das bewährt sich sogar noch im Verlieren. Dazu Berne (c 180):

> „Hat er für sein Verhalten einen guten Grund, dann kann er mit seinem Vorhaben Erfolg haben und ein Märtyrer werden – das ist die beste Möglichkeit dafür, zu gewinnen, indem man verliert."

Zu dieser anthropologischen Konzeption der TA sagt Betz (75):

> „… hinter dem Zielbild steht doch eine recht primitive Vorstellung des ‚Siegers', des smarten Gewinnertyps, der es ‚geschafft' hat, in unserem komplizierten Rivalitätssystem sich zu behaupten und sich durchzusetzen."

Das Ideal von Menschsein als Entwurf und als Ziel trägt in der TA folgende Züge: Es ist der Mann, der autonom ist, der mit klarem Verstand die Welt und seine Möglichkeiten darin realistisch erfaßt, flexibel und offen, bei allen beliebt, edel in seinen Zielen, unabhängig und auf niemanden angewiesen, notfalls einer ganzen Welt allein Trotz bietend; ein Mann voller Selbstvertrauen, in jeder Hinsicht erfolgreich: im Beruf, beim Spiel, beim anderen Geschlecht; ein Mann, der sich seine Ziele selbst setzt, der sich durchsetzt, indem er das durchsetzt, was er sich vorgenommen hat. Das ist bis ins Detail das Männlichkeitsideal im Amerika der 50er Jahre. Von daher kommt auch Kovel (193) im Blick auf die TA zu dem Schluß:

> „Unter den Therapien besitzt jeweils diejenige die stärkste Anziehungskraft, die sich am deutlichsten in Übereinstimmung mit den Trends der Gesellschaft befindet, zu der sie gehört."

Ungeklärt und auch unerklärlich bleibt, wo in der integrierten Persönlichkeit die hohen Ziele herkommen. Offenbar stellen sie sich automatisch ein. Die vielfältige menschliche Verpflichtung und gegenseitige Abhängigkeit, in der wir als soziale Wesen stehen, spielt keine Rolle. Schuld und Tragik, die menschliches Miteinander begleiten, scheint es nicht zu geben. Alles ist auf den einzelnen und dessen Fähigkeit, seine autonom gesetzten Ziele zu erreichen, abgestellt: ein Solipsismus, der nur deshalb als solcher kaschiert bleibt, weil ihm in der Theorie auch soziale Ziele assoziiert werden. Mich gegen meine eigenen Vorhaben von Not und Leiden anderer mitbestimmen zu lassen, mich führen lassen, wohin ich von mir aus gerade nicht will: das eben ist in diesem Menschenbild nicht vorgesehen.

7 Zur Ethik

Aufschluß über die ethische Dimension der TA gewinnt man kaum über die idealisierenden Beschreibungen des „Gewinners". Die Dimension des Ethischen ist in der TA im mechanistischen Grundverständnis des Menschen bereits vorgezeichnet. Berne (a, 63 f):

> „Der Mensch ist ein lebendiges Energiesystem, dessen Spannungen bestimmte Bedürfnisse auslösen. Seine Aufgabe ist es, diese Bedürfnisse zu befriedigen, ohne dabei in Konflikt mit sich selbst, mit anderen Menschen oder mit der Umwelt zu geraten."

Wird der Mensch im Sinne einer solchen „Bedürfnishydraulik" verstanden, so hat das Bedürfnis absoluten Vorrang. Ziel kann dann nicht irgend etwas jenseits des Menschen oder etwas Übergreifendes sein, sondern die Befriedigung der Bedürfnisse, das Gleichgewicht im Spannungssystem Mensch und das Gleichgewicht im Spannungssystem zu anderen. Was immer unter „Bedürfnissen" verstanden werden mag und wie berechtigt es auch sein mag, Bedürfnisse gelten zu lassen, bei diesem Ansatz kann sich eine Ethik, die über das Erreichen von Wohlbefinden hinausgeht, kaum entwickeln. Das aber ist auch eine Ethik. Ethik welcher Art?

Oden, der der TA sehr nahesteht, sie also außerordentlich wohlwollend betrachtet, schreibt:

> „Die moralische Tiefe der TA geht kaum einmal über simplen Hedonismus hinaus. Aktionen wertet man je nach ihrer Eignung, die Lust möglichst zu vergrößern und das Leiden möglichst zu verringern." (a 109)

In der Skala der kognitiv-strukturellen Entwicklung nach Piaget-Kohlberg-Habermas steht die hedonistische Ethik auf der zweiten von sieben Stufen und hat als Idee des guten Lebens: „Lustmaximierung/Unlustvermeidung durch Tausch" (Mokrosch/Schmidt/Stoodt 92), womit der entscheidende Punkt der TA-Ethik getroffen ist. Dazu die ausführlichere Charakteristik der „hedonistisch-egoistischen Orientierung" (a.a.O. 87)

> „Richtiges Handeln bedeutet Befriedigung der eigenen Bedürfnisse, zum Teil auch derjenigen der anderen. ‚Hilfst du mir, so helf ich Dir!‘ Der Mensch hat bereits ein Gespür für die Interessen, das Recht und die

Bedürfnisse anderer, aber er respektiert sie nur, solange er selbst dabei keine Nachteile erleidet. Er denkt und handelt wie ein Kaufmann in Tauschbegriffen: Do ut des!" (Ich gebe, damit du gibst) (Breite Bevölkerungsschichten der amerikanischen Gesellschaft stehen nach Kohlberg auf dieser Stufe.)

Die Bedürfnisse gewinnen den Rang von absoluten Werten, ihre Befriedigung hat Vorrang und sie kann gleichsam von jedermann eingefordert werden. Meine Gefühle, die als Signale durchaus ihre Bedeutung haben, werden zur einklagbaren Forderung, ja zur Norm für das, was sein soll und wonach sich die anderen zu richten haben. Demgegenüber wird das Kognitive diffamiert und abgewertet.

Konsequenterweise muß alles abgewertet werden, was uns als Forderung entgegentritt. Das drängt sich in der TA recht unverhohlen bei der faktischen Abwertung des Eltern-Ichs vor. Oden (a 102) schreibt:

> „Obwohl Berne eine unfreundliche Einstellung zu Eltern abstreitet, stellt ihn die Logik seiner Sprache und die Kraft seiner Rhetorik fast ausnahmslos auf die Seite der Kinder gegen die Eltern. Die Elternstimme ist immer Hexe, Teufel, Menschenfresser oder Ekel."

Gewiß hat die TA auch eine positive Seite des Eltern-Ichs im Blick.

> „Was sich dann schließlich durchsetzt, ist ein leidenschaftlicher Vortrag, wie man aus der Versklavung durch die repressiven, in der Tiefe aufbewahrten elterlichen Eingebungen (die ‚Tonbänder' des Eltern-Ich) frei werden kann." (Oden a 102 f)

Da die „Eltern" überkommene Normen und Werte repräsentieren, ist die Abwertung umfassender:

> „Leider richtet sich die Polemik nicht nur gegen die Eltern, sondern neigt zur unbegrenzten Ausbreitung, so daß sie sich gegen die Tradition, die historische Kontinuität, das Sozialgefüge und alle Mechanismen sozialer Begrenzung erhebt." (Oden a 102)

Diese Tendenz kommt besonders jenen Altersgruppen entgegen, die sich in Ablösungsprozessen befinden. Daher charakterisiert Oden (a 104) die TA als „Pubertätstherapie". Eine andere Frage ist freilich, ob die TA eine Ablösung wirklich fördert oder nicht eher die Vorurteile gegen alles, was uns fordert, verstärkt und so dazu führt, daß im Pubertieren die Identität gesucht wird.

Auf die „subtile Herabsetzung von Kultur und Tradition, die für Psychoanalyse und Humanistische Psychologie charakteristisch ist"

(Browning 414), wurde schon öfters hingewiesen. D. Campbell vertrat 1975 sehr engagiert die Meinung,

> „daß der größte Teil der modernen Psychologie aus ganz unwissenschaftlichen Gründen die Achtung vor den moralischen Werten traditioneller Religionen über Bord geworfen hat. Statt dessen feierten sie die Autonomie des einzelnen und die Weisheit des Körpers und seiner unmittelbaren Bedürfnisse ... Kultur und Tradition sind die ‚Gedächtnis'-Institutionen, die die gelernte Moral und die altruistischen Prinzipien aufbewahren, die die Gesellschaft braucht, wenn sie durch die Zeiten hin überleben will. Kultur, Tradition und die Sozialisierungskraft der Eltern zu töten, bedeutet Moralität und Altruismus zu töten. Der größte Teil der modernen Psychologie hat sich diesem Akt des Kultur- und Elternmordes blind und arrogant gewidmet.“ (Browning 414 f)

Speziell auf die TA bezogen, sagt Betz (75):

> „Es hat oft den Anschein, daß ein Haupttenor der Methode die Herabwürdigung der Elternfunktion in der Erziehung darstellt. Die Gefahr eines Abbruchs der Kontinuität kultureller Tradition ist damit gegeben.“

Dieser Abwertung von Eltern und Tradition entspricht eine Auflösung des Gewissens. Für Berne ist es ja geradezu ein Schritt zur Gesundung, sich von dem „parentalen Programm“ zu emanzipieren. Dazu Oden (a 111):

> „Die Idee, es gehöre zur Therapie, die elterlichen Einflüsse zu liquidieren und den Anreiz zu einer neuen Reihe angeblich überlegener Programme zu geben, erinnert mich an die Versuche der Nationalsozialisten, die alte Ordnung abzuschaffen und eine neue Ordnung frisch von den Zeichenbrettern der Zukunftsträumer einzusetzen.“

Spätestens hier widerlegt die Beteuerung der TA-Vertreter, daß TA eine anthropologisch neutrale und eine wertneutrale Methode sei, die überall eingesetzt werden könne, also auch in der Kirche. Oden (a 106) hat zu Recht auf das Gegenteil hingewiesen:

> „Man sollte auch nicht vergessen, daß die TA ebensosehr polemische Literatur wie Therapie ist. Sie steht nicht nur für ein Wertsystem, sondern richtet sich implizit (bisweilen sogar explizit) gegen alternative Werte. Das Wertsystem, gegen das sie am entschiedensten ankämpft, ist überraschenderweise die sogenannte protestantische Ethik, die viele von den Gemeinden hervorgebracht hat, denen die TA jetzt dient.“

Im TA-Konstrukt als ganzem steckt die eindeutige Tendenz zu einer äußeren Emanzipation, ohne daß zu erkennen wäre, um welchen ethischen Kern – außer um die wechselweise Befriedigung der Bedürfnisse – der „neue Mensch“, der hervorgebracht werden soll, zentriert wäre. Was sich als Emanzipation und Autonomie gibt, ist eher ein Abstieg in das Gefängnis des Biologischen und Heteronomie, wenn nicht gar Diktatur, der Bedürfnisse und Gefühle. Die hier notwendig werdende Frage wird schon von der Psychologie gestellt. Frankl (c, 145 f) verdeutlicht:

> „Das Wesen der menschlichen Existenz liegt in deren Selbsttranszendenz ... Solche Selbsttranszendenz sprengt den Rahmen all der Menschenbilder, die im Sinne eines Monadologismus ... den Menschen als ein Wesen hinstellen, das nicht über sich selbst hinaus nach Sinn und Werten langt und solcherart nach der Welt orientiert, sondern insofern ausschließlich an sich selbst interessiert ist, als es ihm um die Aufrechterhaltung bzw. Wiederherstellung der Homöostase zu tun ist."

Browning (412) ruft in Erinnerung:

> „Die jüdisch-christliche Tradition hat aber immer daran festgehalten, daß die wahre moralische Handlung über eine einfache, natürliche und mühelose Ergänzung harmonischer Bedürfnisse und Wünsche hinausgeht. Sie bringt beabsichtigte Handlungen des Willens mit sich, die persönliche Bedürfnisse und Wünsche überschreiten, obwohl sie gewiß auf ihnen aufbauen."

Die Konsequenzen aus diesem anthropologischen und ethischen Konzept, das auch in der TA wirksam ist, hat Browning, der der Humanistischen Psychologie nahesteht, in einer Art Selbstberichtigung reflektiert. Im Blick auf die von der Humanistischen Psychologie bestimmte Seelsorge schreibt er:

> „Im Rückblick verstehe ich jetzt die letzten fünfzehn oder zwanzig Jahre in der protestantischen beratenden Seelsorge als einen Aufbruch zu einer wachsenden Trennung von den klassischen theologischen Disziplinen ... Beratende Seelsorge und das theologische Menschenbild, das sie unterstützt hat, waren einige Jahrzehnte lang auf der Flucht vor der Kategorie des Ethischen". (Browning 407)

In diesem Zusammenhang nennt er drei Tendenzen:

- eine „Tendenz, den Körper und die sogenannten ‚Feelings' des Erfahrungen machenden Organismus zu romantisieren", (Browning 410)
- eine „Tendenz ... die rationalen und moralischen Dimensionen des Menschen aktiv herabzusetzen", (Browning 410)
- eine „Tendenz, Heil und Gesundheit übermäßig zu identifizieren, wenn nicht sogar gleichzusetzen". (Browning 411)

Das theologische Problem, das hier auftaucht, hat Peters (45) auf die knappe Formel gebracht, daß hier „nicht der Deus salvator, sondern der Homo emancipator, der sich selbst suchende und befreiende Mensch" im Mittelpunkt steht.

Die Richtung, in die eine von der TA geprägte pädagogische Arbeit weist, charakterisiert bereits Kovel (193) recht klar:

> „Der Schlüssel zu dieser Therapie ist darin zu sehen, daß hier ein moralischer Maßstab als Instrument der Veränderung angelegt wird. Moralisieren ist zwar ein Faktor, der nahezu zeitlos ist und bei fast allen Therapien auftaucht, aber TA ist hier in besonderem Maße erfolgreich und eifrig.
>
> Das moralische Ziel bei der TA ist der Erwachsene. Aber wer ist das? Letztlich doch wohl nichts anderes als die ideale Verkörperung der bürgerlichen Gesellschaftsordnung. Wenn sich dieser einzelne ändert, wird alles schon gut werden, denn grundsätzliche Probleme in der Gesellschaftsordnung selbst gibt es natürlich nicht. Während das Eltern-Ich als Hort der irrationalen Moralität und trojanisches Pferd herhalten muß, wird ihm das Erwachsenen-Ich als Verkörperung vernünftiger, positiver Moral gegenübergestellt, unterstützt von der Gruppe und geweiht durch die hohen Ziele, die sich die Therapie gestellt hat."

Im Blick auf die verkündigende Dimension im kirchlichen Handeln wird schließlich die Frage zu stellen sein, wie denn bei der Abwertung der „Eltern" biblische Texte gehört und vermittelt werden können, die uns fordern, die uns sagen, daß alles Leben aus uns selbst Inbegriff von Verlorenheit und Sünde ist, die uns sagen, daß Autonomie dort ist, wo wir aus einem Grund leben, der nicht wir selber sind, und nach Maßstäben leben, die wir uns nicht nach unseren Bedürfnissen aussuchen.

Die Vertreter der TA maßen sich an, offen oder implizit jene Herausforderungen, die uns aus den Traditionen unserer Kultur und den Inhalten christlichen Glaubens entgegentreten, im Namen dessen, was sie Autonomie nennen, vom Tisch zu wischen, sie sind umgekehrt aber außerordentlich empfindlich, wenn sie auf diesen Tatbestand, der in der Konsequenz ihres Konstrukts liegt, auch nur hingewiesen werden. Die Selbstsicherheit derer, die psychologische Methoden aller Art und popularisierte Psychologie ganz selbstverständlich in kirchliche Arbeit einführen, hat viele Gemeindeglieder und Theologen so verunsichert, daß sie es kaum wagen, ihre Kritik und ihre Fragen direkt vorzubringen. Eine Kirche aber, in der – aus welchen Gründen immer – nicht mehr darüber gestritten werden kann, was ihr Grund, ihre Mitte und ihr Auftrag ist, was diesem Auftrag dient und was ihn unterläuft, ist dabei, sich selbst und die Botschaft, die ihr anvertraut ist, aufzugeben.

8 Zur Ich-Du-Beziehung

In der speziellen Transaktionsanalyse geht es um die Beziehungen zwischen mindestens zwei Personen. Eine „Transaktion" gilt als die „Grundeinheit aller zwischenmenschlichen Beziehungen" (Rogoll 31). Sie

> „besteht aus einem Reiz S (Stimulus) und einer Reaktion (R) zwischen zwei bestimmten Ich-Zuständen." (Ebd.)

Da nach der TA-Theorie jeder Mensch drei Ich-Zustände hat, sind neun unterschiedliche Transaktionen möglich, aber nur vier spielen praktisch eine Rolle (Berne c 29). Die graphischen Muster lassen zunächst erwarten, daß es in der TA um die Begegnung von Mensch zu Mensch geht.

Irritierend wirkt freilich, was die Titel und Untertitel der TA-Bücher sagen:

- Harris: Untertitel: „Wie *wir uns selbst* besser verstehen und *unsere Einstellung* zu anderen verändern können."
- Rogoll: „Nimm *dich* wie du bist."
  „Wie man *mit sich* einig werden kann."
- James/Jongeward: Untertitel: „Übungen zur *Selbstverwirklichung*".
- James/Savary beginnen ihren Buchtext (15) mit einer Reihe von Ich-Fragen: „Wer bin *ich?*" Warum bin ich vorhanden?" u.a.m.
- Rüttinger (9) stellt die TA vor als Methode, die mir hilft,
  - mich mit dem *eigenen* Verhalten auseinanderzusetzen,
  - *mein* Verhalten mir und anderen gegenüber zu verändern,
  - *mich* bewußter und autonomer zu verhalten.
  - „TA ist letzten Endes eine Chance für alle, die neue, schnellere und erfolgreiche Wege suchen, um die Anerkennung, Beachtung und Zuwendung zu bekommen . . ."

Wo ist hier der andere und inwiefern spielt er eine Rolle?

Schlegel (37) hat bereits auf die Schwierigkeit aufmerksam gemacht, die darin besteht, in den drei Ich-Zuständen die Person aufzufinden.

> „Fragt jemand ‚Wer bin ich?' oder ‚Was ist mein wirkliches Selbst?', so antwortet Berne: ‚Jeder hat drei wirkliche Selbst.' Derjenige Ich-Zustand, der eben mit freier Energie besetzt sei, werde als das richtige Selbst erlebt. ‚Das Problem von Leuten, die herumsitzen und sagen, Wer bin ich? Wer bin ich? gründet sich auf die Tatsache, daß sie *eine* Person sein wollen,

und daß sie aber nicht *eine* Person sind. Es besteht keine Möglichkeit, *eine* Person zu sein."'

Transaktionen spielen sich nicht zwischen Person A und Person B ab, sondern zwischen einem Ich-Zustand der Person A und einem Ich-Zustand der Person B. Die Ich-Zustände gelten als objektivierbare und voneinander abgrenzbare Realitäten. Sie werden in der TA-Theorie explizit bis zur Personifikation in „dreierlei Selbste" hin hypostasiert und damit implizit ontologisiert. Wie kann in diesem Konstrukt der Mensch den Menschen erreichen? W. Herzog (298) hat mit seiner Kritik des Behaviorismus bereits das entsprechende Problem des TA-Konstrukts deutlich getroffen:

> „Indem das Objektivitätskriterium von einem methodologischen zu einem ontologischen geworden ist, hat sich das ‚Innere', das ‚Subjektive' des Individuums entleert und verflüchtigt."

Die Transaktion spielt sich nach dem Reiz-Reaktions-Modell ab. Es gilt zu erkennen, aus welchem Ich-Zustand ich selbst handle und aus welchem Ich-Zustand der andere reagiert. Ich-Zustände treffen aufeinander als Teilpersönlichkeiten, als Persönlichkeits-Anteile; eine meiner drei Persönlichkeiten trifft auf eine der drei Persönlichkeiten des anderen.

Im Strukturmodell wird Menschsein verdinglicht, im Transaktions-modell werden die Beziehungen verdinglicht. Ich selbst werde zum Gegenstand; aus meinem Gegenüber wird ebenfalls ein Gegenstand. Es lassen sich zwar Beziehungen konstatieren, wo aber findet eine Begegnung statt? Frankl hatte bereits auf die Gefahr hingewiesen, die sich in der Psychoanalyse aus der Hypostasierung von Überich und Unbewußtem ergibt. Freud hat Überich und Unbewußtes aber lediglich als Konstrukte verstanden; die TA hingegen hält alle Ich-Zustände für Realitäten. Um wieviel mehr trifft dann für die TA zu, was Frankl (f 223) bereits im Blick auf die Psychoanalyse sagt, daß sie nämlich

> „in dem Maße, in dem sie die genannten ‚Instanzen personifiziert', den Patienten *depersonalisiert*. Schließlich wird im Rahmen eines solchen Menschenbildes der Mensch *reifiziert*."

Und Frankls Folgerung (f 223):

> „Allein, daß der Mensch reifiziert, also daß ... aus einer ‚Person' eine ‚Sache' gemacht wird, ist nur der eine Aspekt eines Prozesses, dessen

anderer Aspekt folgendermaßen formuliert werden kann: Der Mensch wird *manipuliert*, mit anderen Worten, er wird nicht nur zur Sache, sondern auch zu einem bloßen *Mittel zum Zweck* gemacht."

Der gleiche Tatbestand kommt noch von anderer Seite her in den Blick. In dem, was in den Ich-Zuständen und in der Art meiner Transaktionen sichtbar wird, erfahre ich mich nach dem Verständnis der TA selbst und den anderen. Alles aber, was nicht auf einer Analyse der Transaktionen und der Ich-Zustände beruht, ist auch nicht TA (vgl. Berne c 32). Da die TA, die nach Bernes Verständnis eine „Theorie der Persönlichkeit" (ebd.) ist, bedeutet dies, daß grundsätzlich nur das sichtbar werden kann, was im geschlossenen TA-Konstrukt vorgesehen ist. Bittner hat gezeigt, daß jede Selbstbeschränkung auf die eigene Befindlichkeit wirkliche Selbsterfahrung und Selbsterkenntnis verfehlt.

> „Wenn ich nur noch ‚Ich selbst sein', ‚mit mir selbst identisch sein' will – gerade dann habe ich mich am gründlichsten verloren." (Bittner 60)
> „Das Selbst besteht in der Relation zu transphänomenalen Gegebenheiten, im Übersteigen des bloß empirisch Vorgefundenen." (Bittner 56)

Wie ich mich selber im Vorfindlichen nicht finden kann, so werde ich erst recht den verdinglichten anderen in den vom Konstrukt bei ihm zugelassenen Vorfindbarkeiten nicht finden.

Was geschieht überhaupt in den von der TA beobachteten Transaktionen? Geht es um Begegnung? Es geht um harmonisches, reibungsloses Transagieren, d. h. Funktionieren; es geht um Selbstverwirklichung im einzelnen. Was in der Transaktion formal als Beziehung erscheint, das ist im Grunde nur das Medium, in dem ich mich selbst erfahre. Der andere, der zur Transaktion nötig ist, hat die Funktion eines Vehikels, das mir zur Selbsterfahrung verhilft. Er ist Mittel zum Zweck meiner Selbstverwirklichung. Das Grundkonzept der TA ist letztlich solipsistisch. Eine Monade wird für die andere Monade zum Mittel der Selbsterfahrung und Selbsterkenntnis.

In der Transaktion überschreitet der einzelne sich nicht selbst; er bleibt vielmehr ganz bei sich selbst. Wo die transphänomenale Dimension eliminiert ist, kann der Mensch weder sich selbst erfahren noch dem anderen begegnen. Dieses Defizit hat Frankl (e 227) im Blick, wenn er sagt:

> „In der Begegnung transzendiere ich mich selbst, wenn sie echt ist, und bringe nicht nur mich selbst zum Ausdruck. Und zwar transzendiere ich mich selbst auf den Logos hin. Die *Pseudo-Begegnung* basiert aber nicht auf einem echten Dialog, sondern auf einem Dialog ohne Logos, und dient daher nur als ein Forum, um sich gegenseitig zum Ausdruck zu bringen . . ."

Buber hat zwei Grundarten unseres Daseins unterschieden. In der einen Grundhaltung *betrachtet* der Mensch die Welt und seine Mitmenschen. In dieser Grundhaltung wird alles Gegenstand.

> „Das Ich dieser Relation, ein alles habendes, alles machendes, mit allem zurechtkommendes Ich, das unfähig ist, du zu sprechen, unfähig, einem Wesen wesenhaft zu begegnen, ist der Herr der Stunde." (Buber b 598)

Wer aus der anderen Grundhaltung lebt, will sich des anderen nicht durch Beobachtung und Vergegenständlichung bemächtigen und ihn damit depersonalisieren; er sucht das Gegenüber, das Du. Er betrachtet sich selbst und den anderen nicht, sondern begegnet dem Du ganzheitlich in dialogischer Weise.

> Diese „Relation allein, die die wesenhafte Unmittelbarkeit zwischen mir und einem Seienden stiftet, bringt mich eben dadurch nicht zu Aspekten von ihm, sondern zu ihm selber – freilich nur eben in die existentielle Begegnung mit ihm, nicht etwa in die Lage, es selber in seinem Sein objekthaft zu betrachten; so wie eine objekthafte Betrachtung einsetzt, ist uns wieder nur Aspekt und immer wieder nur Aspekt gegeben." (Buber ebd.)

Von dieser Dimension der Begegnung mit dem Du wird der Mensch durch die Logik des TA-Konstrukts geradezu ferngehalten. Die Selbstbeobachtung und die Beobachtung des anderen nach „objektiven" Kategorien von Ich-Zuständen und Transaktionen, die Beschränkung auf eben diese Kategorien, die Ausblendung der Tiefen menschlichen Seins und der Ausschluß von übergreifendem Sinn, in alledem die Selbstbegrenzung auf das, was nach vorgegebenen Kriterien vor Augen ist, verhindern recht zuverlässig, daß Menschen einander unmittelbar begegnen. Buber hat gezeigt, daß Begegnung nur möglich wird, wo die immanente, am Objektiven orientierte und durch Beobachtung versuchte Selbstverwirklichung transzendiert wird. Wo diese Transzendierung durch ein geschlossenes System abgeblockt wird, da darf man sicher sein, daß auch der „neue Mensch", der man zu werden oder den man hervorzubringen hofft, – theologisch gesprochen – der „alte" sein wird. Es ist der Mensch, der bei sich selber bleiben und in seinem Sinne effektiv und erfolgreich weiter für sich selber sorgen wird.

Von philosophischer Seite her hat Spaemann auf das Problem hingewiesen, das entsteht, wenn die Konstrukte unserer hypothetischen Zivilisation auch das Verhältnis der Menschen zu sich selbst und zueinander bestimmen. Werden Erfahrungen nur im Rahmen eines vorgegebenen Konstrukts gemacht, so wird die unmittelbare persönliche Erfahrung entwertet und depotenziert. Ein Konstrukt verdinglicht die Erfahrungen. Dadurch wird der Mensch als erfahrendes Wesen entmündigt.

> „Zu der Depotenzierung der Erfahrung gehört es z. B. auch, daß ein unerträglicher psychologischer Jargon sich einschleicht in die Äußerungen der Menschen, wenn sie über sich selbst und ihre eigenen Erfahrungen reden". (Spaemann 322)

Ein Konstrukt wie das der TA, noch dazu eines, das sich seines hypothetischen Charakters nicht bewußt ist, hilft dem Menschen nicht, sich und den anderen zu erfahren, sondern schneidet ihn von seinen eigenen und unmittelbaren Erfahrungen geradezu ab.

Es liegt nicht mehr im Rahmen dieser Arbeit, der Frage nachzugehen, welche Menschen in besonderer Weise von einem therapeutischen Konstrukt angezogen werden, das unmittelbare und ganzheitliche Begegnung vermeidet, das den Menschen verdinglicht und das vielfältige Möglichkeiten der Manipulation eröffnet. Eine Beobachtung von R. May wird zumindest nachdenklich machen. May (224) schreibt:

> „Oft dachte ich mir, wenn ich Kandidaten für eine analytische Schulung interviewte, daß insofern ein selektiver Faktor mitspielt, als unser Beruf den Typ von Individuum anzieht, der seine eigenen Machtbedürfnisse verleugnet und verdrängt. Dieses verdrängte Machtbedürfnis tritt in einer Neigung zutage, andere Menschen durch die Therapie zu kontrollieren, oder in der Identifizierung mit der Macht der Techniken und Geräte des Labors. Bei Psychologen, die eine therapeutische Ausbildung anstreben, finde ich immer wieder die isolierte Persönlichkeit, die sich eine Beziehung wünscht und vom Beruf des Psychotherapeuten angezogen ist, weil dieser eine Beziehung vorspiegelt, die ihm das Gefühl gibt, weniger isoliert zu sein. Das ist dann eine Liebesaffäre oder eine Freundschaft ‚aus Eigenbedarf', die natürlich weder eine echte Liebe noch eine echte Freundschaft ist, sondern eine gescheiterte Therapie, insofern sie dem eigenen Bedürfnis entspringt."

9 Abblendungen

Die TA versteht sich selbst als ein wissenschaftliches System. Berne läßt keinen Zweifel darüber entstehen, in welchem Sinne er die TA als wissenschaftlich verstanden wissen möchte. Er sagt (Berne c 32 f):

> „Alles, was sich zwischen zwei oder mehr Menschen abspielt, läßt sich in eine Reihe von einzelnen Transaktionen aufgliedern, und damit verbinden sich alle Vorteile, die jede Art von Wissenschaft erlangt, wenn sie ein gut definiertes System bestimmter Grundeinheiten besitzt.
> Bei der Transaktions-Analyse handelt es sich um eine Theorie der Persönlichkeit und der Sozialaktion und außerdem um eine klinische Methode der Psychotherapie, die auf der Analyse von allen nur denkbaren Transaktionen zwischen zwei oder mehr Menschen auf der Grundlage ganz spezifischer und genau definierter Ich-Zustände beruht. Nur etwa fünfzehn von 6597 Möglichkeiten kommen allerdings in der Regel in der Praxis vor; die übrigen sind weitgehend von rein akademischem Interesse. Jede Methode, die nicht auf der exakten Analyse einzelner Transaktionen mitsamt den dabei beteiligten spezifischen Ich-Zuständen beruht, ist, streng genommen, keine Transaktions-Analyse. Diese Definition setzt sich das Ziel, ein Modell für alle nur denkbaren Formen von sozialen Verhaltensweisen des Menschen zu bilden. Dieses Modell ist deswegen so effizient, weil es sich nach dem Grundsatz der wissenschaftlichen Ökonomie ausrichtet und nur von zwei Voraussetzungen ausgeht: 1. Die Menschen können von *einem* Ich-Zustand in einen *anderen* Ich-Zustand hinüberwechseln. 2. Wenn *A* etwas sagt und *B* kurz darauf ebenfalls etwas sagt, dann läßt sich feststellen, ob das, was *B* gesagt hat, eine Reaktion auf das ist, was *A* gesagt hat – oder nicht. Das Modell ist außerdem deswegen sehr wirksam, weil sich bisher unter Tausenden, ja sogar unter Millionen von Interaktionen zwischen zwei oder mehreren Menschen keine Beispiele finden ließen, die nicht nach dem oben vorgestellten Modell behandelt werden könnten. Dieses Modell ist außerdem sehr exakt, denn es läßt sich durch einfache arithmetische Erwägungen begrenzen."

Berne versteht die TA demnach als wissenschaftlich im Sinne der klassischen Naturwissenschaften. Charakteristika dieses Verständnisses von Wissenschaft sind:

- Die TA entwickelt ihre Theorie der Persönlichkeit aus genau definierten Begriffen. Sie schafft sich mit ihrer Terminologie „exakte" und abgrenzbare „Realitäten".
- Die TA geht objektivierend vor. Das Modell ist mathematisch konzipiert.

- Die TA behandelt die Prozesse im und zwischen Menschen in Analogie zu mathematisierbaren Gesetzmäßigkeiten der Natur.
- Die TA nennt die beiden Voraussetzungen und die Methode ihres Vorgehens und definiert sich auf diese Weise selbst.
- Für die TA stellt das per definitionem festgelegte Struktur-Diagramm mit den 3 Ich-Zuständen

> „ein vollständiges Persönlichkeitsdiagramm für alle denkbaren Menschentypen dar und umfaßt alles, was ein Mensch fühlt, denkt, sagt, usw." (Berne c 25)

Mit der speziellen Transaktions-Analyse erfaßt die TA nach ihrem Selbstverständnis

> „alles, was sich zwischen zwei oder mehreren Menschen abspielt". (Berne c 32)

Sie definiert sich als

> „Modell für alle nur denkbaren Formen von sozialen Verhaltensweisen des Menschen". (ebd.)

Die TA erweist sich durch ihr Wissenschaftsverständnis und den darin enthaltenen Anspruch als ein geschlossenes System.

Mit diesem Charakter des TA-Systems hängt es zusammen, daß über dieses System mit den darin Befangenen ein Gespräch kaum möglich ist. Schon mit ihrer Selbstdefinition weist die TA jede Rückfrage an die eigenen Prämissen ab. Eine Diskussion der Grundlagen oder Grundsätze stellt logischerweise die Selbstdefinition der TA in Frage. Zu einer solchen Diskussion oder Reflexion der eigenen Vorgaben auf einer Meta-Ebene sind die Vertreter der TA nach der Logik und dem Selbstverständnis ihres Konstrukts offenbar nicht in der Lage. Sie reagieren systemimmanent. Anfragen an eben ihr System und dessen Grundlagen, an dessen Stellenwert im kulturellen Kontext, an dessen Wirkungen dringen nicht durch. Meine kritischen Anfragen (Fischer a) werden von Born/Harsch/Weil als Mißverständnisse hingestellt, als Diffamierungen und Unterstellungen zurückgewiesen, mit systemimmanenten Erklärungen beiseite geschoben, als persönlicher Angriff aufgefaßt. Rogoll, 1. Vorsitzender des Vorstands der „Deutschen Gesellschaft für Transaktionsanalyse", bezeichnet sie „schlichtweg als Unsinn" und erledigt die Probleme transaktionsanalytisch mit der Feststellung:

„Nach dem TA-Modell ist deutlich, daß der Autor hauptsächlich aus einem getrübten Verstand heraus geschrieben hat." (beides in Rogoll b 381) Born/Harsch/Weil stellen schließlich den inhaltlichen Anfragen an das TA-Konstrukt persönliche Bekenntnisse auf der Ebene „Was mir die TA bedeutet" entgegen. Hier legt sich der ideologische Charakter des Konstrukts selbst frei.

An jene Art von Wissenschaft, der die TA entstammt und der sie verhaftet ist, werden seit mehr als einem halben Jahrhundert kritische Fragen gestellt. Was schon von Planck, Einstein, Bohr und Heisenberg als die Grundlagenkrise der Naturwissenschaft erkannt und artikuliert worden ist, wird bis heute nur zögernd auch für jene Bereiche weitergedacht, deren Wissenschaftsverständnis sich an den klassischen Naturwissenschaften orientiert. A. M. K. Müller (b 247) bringt das Problem auf die Formel:

„Die Grundlagen der Wissenschaften liegen in dem Schatten, den diese als Wissenschaften selbst werfen."

Das gibt in vielfacher Hinsicht guten Sinn, soll aber hier nur mit dem Blick auf das Grundlagenproblem der TA verfolgt werden. Von den an den naturwissenschaftlichen Vorgehensweisen orientierten Wissenschaften sagt Anderegg (16 f):

„Sie klammern weite Bereiche von Wirklichkeit aus ihrer Wahrnehmung aus und reduzieren ihren Gegenstand auf einen schmalen Aspekt erklärbarer Wirklichkeit, indem sie ihn *definieren*. Die Definition nämlich ist nichts anderes als eine Abmachung darüber, welcher Aspekt von Wirklichkeit als relevant, allgemeiner noch: was als wirklich gelten soll.
An die Stelle des Willens, Wirklichkeit in ihrer Komplexität zu erforschen, tritt, wo die Definition das Interesse kanalisiert, die Konvention, das bereits Erkannte und in der Definition Festgeschriebene als das Relevante zu akzeptieren. Die eine, die eindeutige Erklärung trifft zwar stets nur einen Ausschnitt aus der komplexen Wirklichkeit – aber eben dieser Ausschnitt wird durch die Definition als dasjenige ausgewiesen, um das es geht. Die Eindeutigkeit der Erklärung ist nicht etwa eine Sache des Gegenstandes, sondern der Betrachtungsweise, nicht das Verdienst besonders intensiven oder besonders sorgfältigen wissenschaftlichen Bemühens, sondern das Resultat einer Absprache, die der wissenschaftlichen Untersuchung vorangeht. Insofern in der Definition ein Aspekt von Wirklichkeit *als* Wirklichkeit deklariert wird, erweist sich das Definieren als Vorgang der Abstraktion aus der Totalität des Wirklichen. Nur weil dieser Abstraktionsprozeß nicht als ein solcher erkannt wird, kann sich noch immer und so hartnäckig die Meinung halten, naturwissenschaftliches oder exaktes Forschen habe es

mit den Gegenständen selbst zu tun, mit der objektiven Wirklichkeit, und es vermeide jene Brechung, die das Engagement des analysierenden Subjekts notwendig mit sich bringe. Nicht mit der einen, objektiven Wirklichkeit hat exakte Wissenschaft es zu tun, sondern ausschließlich mit jenem einen Aspekt, dessen Festlegung in der Definition als konventioneller Denkakt vollzogen wird. Nicht die Tatsache, daß der Gegenstand in seinem An-sich gefaßt würde, sondern die stillschweigende und oft unbewußte Anerkennung einer Abmachung garantiert die Intersubjektivität dieser Wissenschaft und ihren quasi-objektiven Charakter."

Naturwissenschaftler beginnen zu erkennen, daß die „präparierenden Methoden" (A. M. K. Müller b) zwangsläufig zu den Krisen führen, die in unserer Gegenwart offenkundig sind (ökologische Krise, Krise der Medizin u. a. m.). Die TA wendet eine präparierende Methode auf den Menschen an, auf ein „Objekt" also, das gegenüber reduktionistischer Betrachtungsweise wegen der Dimension des Geistes, der Transzendenz und des Sinnes noch ungleich sensibler ist als die nichtmenschliche Natur. Die Komplexität menschlicher Lebenswirklichkeit wird durch die TA auf jenen schmalen Phänomenbereich reduziert, den das TA-Konstrukt zuläßt und für relevant erklärt. Die Abgründigkeit und Offenheit menschlicher Lebenswirklichkeit wird auf schon Gewußtes zurückgeschnitten und in das Prokrustesbett eines in sich geschlossenen kognitiven Konzepts gezwängt. Ein Konstrukt definiert Leben. Definition kanalisiert und selektiert, was wir von uns und von anderen wahrnehmen. Das Ausgedachte amputiert das Erlebbare. Quasi-Objektives begrenzt das Mögliche. Ein bestimmter Aspekt von Wirklichkeit wird zur Wirklichkeit schlechthin. Für jede an der Naturwissenschaft orientierte präparierende Methode gilt U. Hommes' (137) Feststellung:

„Ihr eigener Begriff von Erfahrung entwickelt ... den Schein von Ausschließlichkeit."

Unter dem Diktat eines Konstrukts wird der Mensch zwangsläufig von den im Konstrukt nicht vorgesehenen Erfahrungen und Lebenswirklichkeiten abgeschnitten.

„Wo sich der Schein verbreitet, daß Wissenschaft, die ja wesentlich instrumentelle Vernunft ist, als solche für das Ganze des menschlichen Daseins zuständig sei, muß Erfahrung jenseits ihres Kontrollbereichs verschwinden." (U. Hommes 138)

Aus der präparierenden Methode der TA ergeben sich zwangsläufig jene Abblendungen, die im folgenden wenigstens angedeutet werden sollen: Die TA zentriert den einzelnen primär auf sich selbst. Die anderen werden zum Hintergrund bzw. zum Mittel der eigenen Selbstfindung. Die gemeinsame soziale Verflechtung, die gegenseitige Abhängigkeit und die soziokulturelle Einbindung verschwinden aus dem Blickfeld.

Geschichte ist in der TA nur präsent als persönliche Biographie, die meine Ich-Zustände programmiert und geprägt, meine Transaktionsformen hervorgebracht und mein Lebensskript festgeschrieben hat. Diese meine Geschichte ist aber nur da als etwas, wovon ich möglichst loskommen muß, um autonom zu werden. Das Bewußtsein dafür, daß ich mit meinem gesamten Menschsein in Geschichte eingebunden bin und bleibe, daß mir diese Geschichte aufgegeben ist, daß ich gemeinsam mit anderen für unsere Geschichte Verantwortung trage, daß alle Eigenständigkeit begrenzt bleibt durch meinen Ort in der Geschichte: Dieses alles liegt nicht im Horizont des TA-Konstrukts.

Die TA hält dazu an, die Befehle zu registrieren, durch die ich und andere gelenkt werden und fordert dazu auf, sich autonom für dieses oder jenes zu entscheiden. Ausgeklammert bleibt aber die entscheidende Frage, *welche* Werte ich meine Leitwerte sein lassen sollte, wie sie zu verantworten sind, welche Konsequenzen das für mich selbst, für andere und für meine Welt hat. Ausgeklammert bleibt damit auch die Frage nach Sinn. Autonomie ist faktischer Höchstwert, ohne daß zur Frage steht, welche Werte durch autonomes Handeln zu realisieren wären. Der Kult, ja der Exzeß des Gefühls, „das offene Bekenntnis zur momentanen Gefühlsbefindlichkeit" (Zöllner b 69) als dem obersten Gesetz führt notwendig dazu, die Frage nach Sinn und Werten auszublenden und alles Kognitive abzuwerten. Wo Menschen auf Beziehungsprobleme fixiert werden, da müssen Sachfragen entweder auf Beziehungsprobleme zurückgeführt werden oder ganz aus dem Blickfeld geraten.

Die TA geht davon aus, daß die Harmonie der Menschen untereinander dadurch hervorgebracht wird, daß die einzelnen zu „neuen Menschen" im Sinne des „integrierten Erwachsenen-Ichs" werden. Metzger (93) hält dem entgegen:

„Die Vorstellung, durch Therapie die Gesellschaft zu verändern, ist eine schlichte und außerordentlich naive Psychologisierung". Die Idee von einer sich selbst regulierenden Gesellschaft durch die therapierten einzelnen zeigt nur die dem TA-Konstrukt innewohnende gesellschaftspolitische Bewußtlosigkeit an. Mit dem der freien Marktwirtschaft entnommenen Harmoniemodell im Rücken kann man sich auf Dauer mit den neurotisierenden Folgen einer Zivilisation beschäftigen, statt sich mit den neurotisierenden Ursachen auseinanderzusetzen (v. Hentig 10). Die TA-Maxime „für sich selber sorgen lernen" ist der perfekte Ausdruck für eben jene Gesellschaftsordnung, die viele jener Probleme erst hervorbringt, die dann wieder therapeutisch bearbeitet werden müssen. Die TA trägt so in idealer Weise dazu bei, jene gesellschaftliche Wirklichkeit zu stabilisieren, der sie ihre Klienten verdankt.

Die TA empfiehlt sich bezeichnenderweise selbst mit dem Hinweis auf ihre besondere Effektivität für alle Schichten und Lebensalter. Wirkungen zeigen sich „oft in Minuten" (James/Savary 20). Entsprechend der präparierenden Methode werden Wirkungen in der Praxis selbstverständlich an den Kategorien und Standards gemessen, die das Konstrukt in der Theorie vorgibt. Das geschlossene System bestätigt und rechtfertigt sich auf diese Weise selbst. Die reduzierte Wirklichkeit wird für Therapeuten und Therapierte zur relevanten Wirklichkeit. Das Problem der Abblendungen ist damit wirksam verdrängt.

Nun sind Abblendungen nicht als nur „unvermeidbare Defizite" zu verstehen, die sich anderenorts und durch andere Wissenschaften ausgleichen lassen. Selbst die Summe aller präparierenden Methoden führt nicht zum Bewußtsein und zum Verstehen von Wirklichkeit und Existenz in ihrer Ganzheit. Unter dem Einfluß von Abblendungen verändert sich nicht nur das betrachtende Subjekt, sondern auch sein Gegenüber. Beide werden zum Präparat; der eine, sofern er nur in bestimmter Hinsicht wahrnimmt, der andere, sofern er nur in bestimmter Hinsicht wahrgenommen wird. In Regelkreis-Prozessen dieser Art bildet sich eine Situation heraus, die Anderegg (25) generalisierend so charakterisiert:

„Die Krise der Wissenschaft (ist) auch darin deutlich, daß die einzelnen Wissenschaften in zunehmendem Maße jene reduzierte Wirklichkeit selbst herstellen, auf deren Erforschung sie sich ausrichten."

In der Psychoanalyse hat man seit langem die Korrelation beobachtet, die zwischen dem System und den Erwartungen des Therapeuten zu dem bestehen, was die Patienten als ihre Wirklichkeit erleben und aus sich heraussetzen. Dazu der Kommunikationsananlytiker J. Haley (108):

> „Inzwischen wird allgemein anerkannt, daß die Produktionen eines Patienten immer vom Therapeuten beeinflußt werden. Dies ist auch der Grund, warum die Patienten in der Freudschen Analyse Träume mit offenkundigeren sexuellen Inhalten haben, während Jungianische Patienten in den entsprechenden Jungianischen Symbolismen träumen: Beide bestätigen auf diese Weise die Theorie ihrer Therapeuten."

In der TA gehört es – im Unterschied zu den psychoanalytischen Schulen – zum Grundsatz der Therapie und der Gruppenarbeit, den Patienten bzw. Teilnehmer gleich zu Beginn mit den wichtigsten Definitionen und Theorieelementen vertraut zu machen. Es ist von da aus psycho-logisch, daß der Klient die von der TA definierten Ich-Zustände und Transaktionen in sich auffinden und im Konstrukt dieser reduzierten Wirklichkeit gar sich selbst und seine Wirklichkeit wiederfinden wird. Die Selbstbestätigung des Konstrukts, die Erfolgsmeldungen der Transaktionsanalytiker und die Bekenntnisse der durch TA Therapierten sind durch diesen Zirkel innerhalb des geschlossenen Systems methodisch programmiert. Nur werden sie außer den schon Überzeugten keinen sonst überzeugen. Von den TA-Ernüchterten und den durch TA Geschädigten redet ohnehin niemand. Im Blick auf die TA als einer präparierenden Methode gilt, was A. M. K. Müller (a 150) für diese Denkstruktur grundsätzlich formuliert:

> „Naturgesetze begründen für den, der sie formuliert, zu lesen oder anzuwenden versteht, Herrschaft, und zwar gerade dadurch, daß in diesen Gesetzen alle weitergehenden Erwägungen, die nicht auf den Begriff dieser Gesetze gebracht sind, abgeblendet sind."

10 TA im soziokulturellen Kontext

Der Gießener Psychologe J. Schülein (420) schreibt 1978:

> „Gegenwärtig erlebt auch die Bundesrepublik Deutschland – mit einiger Verspätung – einen ‚Psychoboom‘ von ungeahnten Ausmaßen. Eine schier unübersichtliche Flut an psychologischen Modellen und Therapien überschwemmt die Öffentlichkeit."

Inzwischen gibt es mehrere hundert Therapieverfahren (Metzger 84). Die TA ist eines dieser Modelle – ein recht erfolgreiches. Bennett (8):

> „Mich überrascht es nicht, daß die Transaktionsanalyse die Ausmaße einer Massenbewegung erreicht hat."

Kovel (193) dazu:

> „Unter den Therapien besitzt jeweils diejenige die stärkste Anziehungskraft, die sich am deutlichsten in Übereinstimmung mit den Trends der Gesellschaft befindet, zu der sie gehört."

Wo liegt die Entsprechung? Welches Bedürfnis befriedigt die TA in der gegenwärtigen Situation?

Die Psychowelle macht sich zu einem Zeitpunkt bemerkbar, zu dem der unbefragte Fortschrittsglaube und der Wachstumsoptimismus unserer technischen Zivilisation wahrnehmbare Krisenerscheinungen zu zeigen beginnen. Seit den 60er Jahren hört es auf, selbstverständlich zu sein, in der Konsumgesellschaft Sinn und Ziel des eigenen Lebens zu sehen. Technologisierung und Automatisierung nehmen rapide zu, menschliches Leben gerät auf nahezu allen Ebenen immer stärker unter die Herrschaft der sogenannten Sachzwänge. Der einzelne ist immer weniger in der Lage, die Zusammenhänge zu durchschauen; er beginnt, sich als ohnmächtig und als verloren zu erleben. Es ist dies die Zeit, in der sich der Protest der Jugend zum einen Teil politisch artikuliert; insbesondere die junge Generation geht zu einem anderen Teil auch den umgekehrten Weg und steigt aus der gesellschaftlichen Realität überhaupt aus. Wieder andere suchen lediglich nach Hilfen, um unter den gegebenen Bedingungen zu überleben. Die unterschiedlichen therapeutischen Modelle integrieren sich auf vielfältige Weise in diese Bewegungen.

H. Steinkamp, ausgebildeter Trainer für Gruppendynamik und

Mitglied der ‚Deutschen Gesellschaft für Pastoralpsychologie', sieht im Bereich der Gruppendynamik drei Entwicklungsphasen:

1. Eine Pionier-Phase (1963-1972), in der eine Subkultur mit eigenen Codes, Sprachregelungen und Normen entstand. Es bildeten sich zwei Hauptrichtungen heraus: eine therapeutische, individuumzentrierte und eine gruppen- und systemorientierte, politisch-emanzipatorische Ziele verfolgende Richtung.

2. Eine Differenzierungs-Phase (1970-1976), in der sich die unterschiedlichen Veranstaltungsformen, ideologischen Konzepte und Methoden profilierten. Die ego-zentrierten Methoden, zu denen auch die TA gehört, setzten sich jetzt stärker durch.

3. Eine Vermarktungs-Phase (ab 1975). Dazu Steinkamp (442):

   „1. Im Zuge der Vermarktung der Ware ‚Gruppenerfahrung' verlor die gruppendynamische Bewegung an aufklärerischem, politisch-emanzipatorischem Potential. (Die gleiche Diagnose stellt auch Metzger, 93: „Die ursprünglich progressive Forderung nach der Beachtung psychologischer Zusammenhänge ist umgeschlagen in ihre Vermarktung".)

   2. Umfang und Möglichkeit der Vermarktung der betreffenden Grundbedürfnisse lassen darauf schließen, daß diese (quasi-) religiöser Art sind bzw. eine religiösen Bedürfnissen vergleichbare Intensität aufweisen. Eine mögliche dritte These, daß sich nämlich derzeit Religion . . . zu einer gut verkäuflichen Ware zu entwickeln scheint . . . kann in diesem Zusammenhang nur gestreift werden, insofern Gruppendynamik nur als eines von vielen Religions-Surrogaten von dieser Beobachtung betroffen ist und für das Phänomen der vermarkteten Religion allenfalls exemplarisch steht."

Von dieser Vermarktungstendenz her sagt Steinkamp (442) von sich:

   „seither kann ich auch die skeptische Anfrage an den quasi-religiösen Charakter der Gruppenbewegung ohne viel Abwehr hören und die Kritik weitgehend teilen, die ich ehedem vehement zurückgewiesen habe."

In welchem Maße die einzelnen Therapiemodelle schon im Sinn von Religions-Surrogaten konzipiert sind, müßte im einzelnen untersucht werden (vgl. Günther/Willeke). Die TA war von ihrem Erfinder Berne nicht als Religionsersatz gedacht, sondern als Therapie konzipiert. In dem Moment freilich, da sie als Therapie für jedermann in der geschilderten soziokulturellen Situation auf den Psychomarkt tritt, wird sie für viele Sinnsuchende zum Sinnangebot, und zwar zu einem sehr kompletten Sinnangebot; denn hierfür erweist sich die TA von ihrem Konzept her als voll ausgerüstet (dazu ausführlich Fischer c). Sie sagt,

- wie ein Mensch von Natur aus ist,
- wie, wann und wodurch er deformiert wird,
- wie er wieder heil werden kann.

Die Attraktivität der TA insbesondere für junge Menschen liegt auf der Hand, denn:

- Das Sinnangebot der TA liegt auf niedrigstem kognitiven Niveau (in wenigen Minuten auch von Kindern und Analphabeten zu erfassen, „Ebene der unmittelbar offenkundigen Erfahrung" Kovel 191).
- Die TA setzt bei den „Erfahrungen" und „Gefühlen" an, ohne offen zu werten. Der einzelne gewinnt so den Eindruck, verstanden und emotional angenommen zu sein.
- Das Sinnangebot der TA ist einfach und allumfassend zugleich. Mit Hilfe der TA-Kategorien kann ich schnell erfahren, wie es um mich, wie es um den anderen steht und wie die Probleme des Menschen zu lösen sind.
- Die TA reduziert die komplexe Realität auf geometrisch klare Transaktionsmuster und auf einige einfache „Spiele".
- Das ebenfalls komplexe gesellschaftliche Umfeld und seine Herausforderungen werden ausgeblendet. Der einzelne wird von ihnen entlastet, indem er auf sich selbst verwiesen wird.
- Die genormte TA-Sprache und die Betrachtung der Umwelt in den gleichen Kategorien und unter der gleichen Hinsicht schafft unter den Gruppenteilnehmern schnell das Gefühl der Zusammengehörigkeit. Die Gruppe wird zur ausgegrenzten Insel, zur Heimat, zum Halt, zur Gemeinde, mit deren Zielen und Normen man sich identifiziert.
- Die TA bietet einen in sich stimmigen Psycho-Kosmos an, in dem nicht nur alles erklärbar, sondern auch alles machbar ist. Abgeblendet werden das Unverfügbare von Vergangenheit und Zukunft, die Abgründe und geheimnisvollen Dimensionen der menschlichen Person, die Herausforderungen der gesellschaftspolitischen Situation, kurz, alles dem TA-Konstrukt nicht Immanente. Von den ausgeblendeten Fragen wird der Mensch (jedenfalls ihm bewußt) nicht mehr unmittelbar bedrängt.

- Die TA garantiert, die Probleme des einzelnen schnell, mühelos für alle realisierbar, kostengünstig und dauerhaft zu lösen.
- Die TA ist für Jugendliche besonders attraktiv, weil sie Tendenzen des Jugendalters verstärkt und legitimiert. Sie verteufelt, was uns seitens der „Eltern" im weitesten Sinne (also auch seitens der Traditionen und der Institutionen) an Forderungen und Herausforderungen begegnet; sie favorisiert jenes „Kind" in uns, das seinen Kopf durchsetzt, und sei es gegen alle Welt. Dabei fällt offenbar gar nicht auf, wie angepaßt am Ende das Ideal vom Erwachsenen-Ich geraten ist.
- Die TA entbindet von der Anstrengung, sich mit Inhalten geistig auseinanderzusetzen, und von der Mühe kognitiver Arbeit an diesen Inhalten, indem sie den unmittelbaren Erfahrungen und Gefühlen und dem Reden darüber absoluten Vorrang gibt.

In alledem, was die TA so attraktiv macht, liegen eine Reihe von ernsten Anfragen an die Gesellschaft und den Staat, an die Gestalt und Arbeit unserer Kirche, an die klassische Psychologie. Das Lebensgefühl von Menschen, auf das die TA so „erfolgreich" eingeht, ist gewiß nicht auf einen einzigen Nenner zu bringen. Paul Tillich war sicher kein Prophet, sondern nur ein guter Beobachter seiner Zeit, als er schon 1959 (150) schrieb:

> „Ekel, Leere, das Gefühl der Sinnlosigkeit haben viele moderne Menschen, besonders in der jüngeren Generation, ergriffen. Die seelische Balance Unzähliger ist ins Wanken geraten. Der Fortschrittsgedanke hat seine Faszination verloren. Der utopische Glaube an das Reich Gottes auf Erden ist verschwunden. Man sucht Heilung aus der vertikalen Richtung, vielfach in mystischen Formen. Aber auch hier erscheint der modernisierte religiöse Medizinmann und biegt die vertikale Linie zurück ins Horizontale, indem er dem seelisch Verwirrten verspricht, ihn wieder fähig zu erfolgreichem Konkurrenzkampf zu machen."

Es ist nur eine andere Facette, wenn Haas (406) feststellt, daß sich

> „religiöse Sehnsüchte im Gewand moderner Narzißmuskonzepte wiederfinden. Es hat also so etwas wie ein Synkretismus zwischen psychoanalytischer Theorie und Theologie stattgefunden. Im Trivialen finden sich allenthalben die fließenden Übergänge und Mischungen zwischen religiösen Sekten und therapeutischen Gruppen."

Dem Großangebot von therapeutischen Methoden auf der einen Seite entspricht offenbar ein Großbedarf auf der anderen Seite. Dabei wird nicht zu unterschätzen sein, daß der „Bedarf" zu einem großen Teil überhaupt erst durch die vielfältigen Angebote erzeugt wird. Steinkamp (448 ff) schreibt unter der Überschrift „Religion als Ware":

> „Wonach eine Nachfrage besteht, bzw. hergestellt werden kann, das wird, entsprechend den Gesetzmäßgikeiten des kapitalistischen Wirtschaftssystems, vermarktet, auch wenn die Ware Religion heißt (und die ‚wahre‘ Religion erschreckt-empört zusieht).

Die Nachfrage nach ‚Religion‘ wächst, seit der politischen Tendenzwende herrschte vorübergehend Hochkonjunktur. Nachfrage freilich nicht nach den Angeboten der traditionellen Religionsgemeinschaften … Wie läßt sich diese ‚Nachfrage‘ religionssoziologisch erklären und was legitimiert dazu, diese Bedürfnisse (quasi-) religiös zu nennen?

Meine Erfahrungen der letzten Jahre lassen mich vermuten, daß hinter den ‚therapeutischen‘ Bedürfnissen mehr steht als die Sehnsucht, von diesem und jenem psychischen Wehwehchen befreit zu werden. Ich vermute dahinter die Sehnsucht, überhaupt heil zu werden … Diese ist nur zu verstehen als Auswirkung der pathogenen Grundstruktur, der „objektiven Schizophrenie" (Enderwitz) der Warengesellschaft selbst sowie des weitgehenden Funktionsverlusts der Kirche hinsichtlich Sinngebung und Identitätsfindung.

Als gesellschaftlichen Hintergrund der ‚Selbsterfahrungs‘-Wünsche vermute ich – jenseits der sichtbaren narzißtischen Bedürfnisse, ‚Erkenne-dich-selbst‘-Intentionen und pragmatischen Anpassungsstrategien – die Suche nach so etwas wie einem neuen ‚Cogito‘, einem archimedischen Punkt der Orientierung, weniger im erkenntnistheoretischen Sinn als im Sinn jener grundlegenden Lebensorientierung, wie ihn früher Milieus, konsistente Alltags-Sinnwelten und christliche Gemeinden vermittelt haben.

Selbsterfahrung und Sinnerfahrung hängen für den modernen Menschen insofern eng zusammen, als Selbsterfahrung für viele den Beginn von Subjektwerdung bedeutet und Sinnerfahrung immer mehr von der Möglichkeit des Subjekts abhängt, seinem Leben Sinn zu geben, je weniger ‚objektiver‘ Sinn erfahren wird und möglich erscheint. Die These, daß all diese Bedürfnisse derzeit systematisch von einem neuen Markt entdeckt werden, besagt nichts über ihre Legitimität und Echtheit, über die Notwendigkeit, sie sehr ernst zu nehmen. Vielmehr besagt meine These, daß diese Bedürfnisse mit den gleichen Mechanismen des kapitalistischen Marktes stimuliert, je neu geweckt und die von ihnen abhängende Nachfrage womöglich auf Dauer gestellt wird wie bei allen anderen Bedürfnissen:

- was als Diversifikation und Methodenpluralismus erscheint, ist unter diesem Aspekt nichts anderes als Sortiment-Erweiterung;
- die immer neuen Warenbezeichnungen und Markenartikel haben die Funktion, die Nachfrage stabil zu halten und neue zu wecken, exakt nach den Gesetzen der Werbung;

– die immer längeren Ausbildungswege, Therapiezeiträume, Lehrgangs-Pakete und Supervisions-Blöcke, die komplizierten ‚Aufbau'-Kurs-Systeme und Graduierungs-Hierarchien weisen unverkennbare Parallelen zu Abonnement-Verfahren und Monopolisierung auf.
Wie bei der Werbung überhaupt, sind dem durchschnittlichen Psycho-Konsumenten diese Zusammenhänge nicht bewußt. Die Verkäufer, unter ihnen Nachfahren jener Pioniere, zu deren Berufsethos ‚Aufklärung' und ‚Abbau von Abhängigkeiten' gehörte, haben wenig Interesse an der Aufhellung des Marktmechanismus – sie leben davon. Die Drogen-Effekte mancher Veranstaltungen, bald wieder zum Guru und zum Jünger-Zentrum zurückzukehren, werden in Gurukreisen nicht selten sachkundig analysiert – wenn die nächste Teilnehmerliste nicht voll ist, gleichwohl Augen zugedrückt.
So erweist sich der Psycho-Markt, auf dem unter anderem und in vielem anderen ‚Religion' verkauft wird, unter einer gesamtgesellschaftlich-kritischen Perspektive als ein gigantischer Teufelskreis: die aus der Sinnlosigkeit der Warengesellschaft fliehen, finden sich unversehens in einem neuen Supermarkt wieder. Was als Kontrast zu den verdinglichten, zerstörerischen und zerstörten Beziehungen des Alltags erlebt wird, gelungene Kommunikation, befreiende Begegnungen, die Hoffnungen und Perspektiven eröffnen für Veränderungen daheim – das kann unter den Mechanismen des Psycho-Marktes abermals in sein Gegenteil umschlagen: Beziehungen, zum verehrten Meister ebenso wie zu den beim nächsten Workshop erhofften Gleichgesinnten, werden käuflich, zumindest entsteht diese Fiktion bei so grenzenloser Käuflichkeit.
Entschlossen, dem stupiden Kreislauf von Entmündigung, Manipulation und Vermarktung zu entkommen, praktizieren die Gottsucher unversehens „eine sozusagen metaphysische Wiederholung eben der warengesellschaftlichen Zwangsassoziation" (Enderwitz, 1979) und tauschen gegen die falschen, trügerischen Waren die eine wahre ‚Ware' (ebd.)."

I. Illich hat darauf hingewiesen, daß in unserer Zeit das „Bedürfnis" in den Rang einer Ware gehoben wurde. Damit wurde es in die Mechanismen des Warenmarktes voll integriert. Sind Bedürfnisse erst einmal verdinglicht, also Waren geworden, so folgen sie den Gesetzmäßigkeiten von Bedarfsweckung und Bedarfsdeckung, und es entstehen auf der einen Seite Produzenten und auf der anderen Seite Konsumenten der Ware „Bedürfnis". Dazu Illich (a 37):

„Die neuen Spezialisten, die nichts anderes tun, als solche menschlichen Bedürfnisse zu befriedigen, die ihre Zunft erst erfunden und definiert hat, kommen gern im Namen der Liebe daher und bieten irgendeine Form der Fürsorge an. Ihre Zünfte sind tiefer verfilzt als eine byzantinische Bürokratie, internationaler organisiert als eine Weltkirche und stabiler als jeder Gewerkschaftsbund, dazu ausgestattet mit umfassenderen Kompetenzen als jeder Schamane und rücksichtsloser in der Ausbeutung ihrer Schützlinge als die Mafia."

„Die Experten konnten erst dann ihre dominierende Stellung erreichen und ihre entmündigende Funktion ausüben, als die Menschen bereit waren, tatsächlich als Mangel zu empfinden, was der Experte ihnen als Bedürfnis dekretierte." (Illich a 45)

Die TA hat bis in ihre Sprache konsequent die menschlichen Bedürfnisse verdinglicht („Ich habe das Bedürfnis" statt „Ich will" oder „Ich möchte") und bis hin zur quasi-physikalischen Größe standardisiert (Streicheleinheiten u. a. m.) und damit gleichsam soziale Normen geschaffen. Ist dies erreicht, so gilt:

„Die eigenen Bedurfnisse nicht zu kennen oder etwa nicht an sie zu glauben, kommt einem antisozialen Akt gleich." (Illich a 47)

Die „Hegemonie dekretierter Bedürfnisse" ist damit erreicht und für Konsumenten wie für Experten legitimiert. Wo es einem Psychoangebot gar gelingt, die eigene Dienstleistung in einer möglichst unspezifischen religiösen Sprache zu vermarkten, da darf es mit vielen arglosen Konsumenten und mit einem beachtlichen Marktanteil rechnen.

11 Menschsein und Erlösung

Die TA hat den Raum der Therapie im klassischen Verständnis sehr früh verlassen und hat sich die Kompetenz und das Lösungspotential für alle Bereiche menschlichen Lebens selbst zugesprochen. So hat sie auch die Kirche als das ihr gemäße Wirkungsfeld entdeckt. Wie das zu verstehen ist, hat der Theologe und Transaktionsanalytiker Harris (249) eindrücklich genug postuliert:

> „Die ‚neuen Theologen‘ haben sich der Aufgabe zugewandt, die einfache Botschaft der persönlichen Befreiung wieder einzusetzen und den Schlamm des institutionellen Dogmas zu beseitigen.
> Wenn die persönliche Befreiung der Schlüssel zur sozialen Veränderung ist und wenn die Wahrheit uns frei macht, dann besteht die Hauptfunktion der Kirche darin, einen Ort zur Verfügung zu stellen, wo die Menschen die Wahrheit hören können. Die Wahrheit ist nicht etwas, was bei einem kirchlichen Gipfeltreffen beschlossen oder in ein schwarzes Buch gebunden wurde. *Die Wahrheit ist eine wachsende Sammlung von Daten über das, was nach unseren Beobachtungen wahr ist.* Wenn die Transaktions-Analyse zu der Wahrheit gehört, die den Menschen befreit, dann sollten die Kirchen für ihre Verbreitung sorgen. Dieser Meinung sind viele Pfarrer, die in der Transaktions-Analyse ausgebildet wurden und nun entsprechende Kurse für ihre Kirchenmitglieder leiten oder die Methode bei ihrer Seelsorge anwenden."

Eine Methode, die mit so vehementem Anspruch die Kirche zu ihrem Feld erklärt und sogar als Mäzen beansprucht, muß sich einige Fragen stellen lassen.

Wie sieht die TA den Menschen? Steiner, der die TA wieder zu ihrer ursprünglichen Gestalt zurückführen möchte, betont als die fundamentale Basis der TA die Grundannahme: „Die Menschen werden O. K. geboren" (Steiner 15). Er sichert das ausdrücklich ab:

> „Ausgehend vom ‚Glauben an die menschliche Natur‘, der Überzeugung, daß der Mensch bei der Geburt von Natur aus O. K. ist, entwickelt Berne seine existenziellen Grundpositionen ... Mit ‚existenzielle Grundpositionen‘ sind Gefühle gemeint, die man sich selbst gegenüber und zu anderen Personen hat." (Steiner 16)

Deutlich ist so viel:

> „Es handelt sich bei den Grundeinstellungen um die Frage, wie jemand sich selbst und seine Mitwelt *bewertet.*" (Schlegel 85)

Die TA-Theorie unterscheidet vier Grundeinstellungen:
1. Ich bin ok, du bist ok.
2. Ich bin ok, du bist nicht ok.
3. Ich bin nicht ok, du bist ok.
4. Ich bin nicht ok, du bist nicht ok.

Die Position 1 wird als die ursprüngliche und gesunde Einstellung, alle anderen werden als krankhafte Einstellungen angesehen.

Für Steiner, der wie Berne davon überzeugt ist, daß alle psychischen Leiden heilbar sind (20), sind eine gute psychiatrische Arbeit und dauerhaftes emotionales und soziales Wohnbefinden nur möglich, wenn und weil alle Menschen ok geboren sind. Die Grundüberzeugung von der Heilbarkeit aller psychischen Störungen schafft sich so auf dem Wege eines logischen Postulats seine eigene Vorbedingung und erklärt sie zur ontologischen Basis. Bezeichnend ist, wie scharf Steiner (22 f) auf Harris reagiert, bei dem er Zweifel an dieser ontologischen Grundannahme vermutet. Er schreibt jedenfalls, Harris bezeichne

> „die krankhafte Einstellung ‚ich bin nicht o. k., du bist o. k.' als die angeborene und ‚universale Einstellung', von der sich der Mensch befreien müsse . . . So zieht sich Harris (absichtlich oder auch nicht) wieder auf die *weitverbreitete, das ursprüngliche Menschenbild erniedrigende Position* zurück, nach der die Menschen von Natur aus verdorben und daher unfähig sind, ohne die autoritären Hilfen unserer Zivilisation ihr Leben angemessen zu meistern."

Daran ist vielerlei bemerkenswert. Grunddogma der TA bleibt: Jeder Mensch ist von Natur aus ok. Die TA übernimmt damit das Credo der Humanistischen Psychologie, „Die ‚innere Natur' des Menschen ist gut". (Schlegel 245) Demgegenüber steht die Überzeugung der Psychoanalyse, wonach der Mensch von Natur aus roh, grausam und rücksichtslos auf die Befriedigung seiner Triebe aus ist und schon von Natur aus darauf angelegt und angewiesen ist, daß er durch soziale und kulturelle Schranken und Leitlinien seine menschliche Gestalt findet. Der christliche Glaube spricht überhaupt nicht davon, was der Mensch „von Natur aus" ist, sondern er bringt zur Sprache, als was der Mensch sich coram Deo wieder und wieder erweist; er sagt, was dem Menschen über sich, den Menschen, offenbar wird, wo sich Gott als Gott offenbar macht. Was im christlichen Sprachgebrauch „Sünde" genannt wird, das ist nicht eine Vorabdefinition der menschlichen Natur, sondern eine Erkenntnis, die nur zusammen mit der Gotteserkenntnis als je meine Selbsterkenntnis in den Blick kommt. Ebeling (a 185):

> „Es ist ein Grunddatum für Luthers Denkweise, daß der Mensch die Erkenntnis seiner selbst nicht aus sich selbst gewinnt, sondern aus der Erkenntnis Gottes und d. h. aus der Erkenntnis, daß und wie er durch Gott erkannt ist."

Und von diesem theologischen Verständnis des Menschen her gedacht:

> „Sünde ist in eminentem Sinne ein Relationsbegriff. Er wird gegenstandslos, wenn sein Bezugspunkt verloren geht." (Ebeling, e I, 360)

Jene mit dem Begriff „Sünde" umschriebene Dimension von Menschsein ist für die TA pauschal als den Menschen erniedrigend eingestuft. Es ist nicht zu erwarten, daß ein therapeutisches Konzept den christlichen Sündenbegriff integriert. Wer aber eine der wesentlichen Dimensionen christlichen Menschenverständnisses, ja christlicher Verkündigung, als das den Menschen Erniedrigende so hart abweist und damit aus seinem Menschenverständnis ausschließt, der zeigt seine Position sehr klar. Das Menschenverständnis der TA und des evanglischen Glaubens gehen an dieser Stelle diametral auseinander. Ebeling (e I, 362) formuliert:

> „Wenn der Mensch nicht Sünder ist – wohlgemerkt: dieser Mensch, der wir selbst sind –, dann ist Gott nicht Gott und die Welt nicht seine Schöpfung."

Nicht weil Gott Gott bleiben soll, muß der Mensch logischerweise zum Sünder deklariert werden, sondern wo Gott erkannt wird, da wird auch offenbar, wie es mit dem Menschen steht.

Die TA macht über die konkreten Inhalte des ok-Seins kaum direkte inhaltliche Aussagen. Steiner (17) kommentiert zwar:

> „Von Natur aus ist der Mensch gewillt und fähig, mit sich selbst, jedem anderen und der Natur in Harmonie zu leben."

Das sagt wenig, so lange nicht die inhaltlichen Maßstäbe und Bezugspunkte genannt werden, von denen her oder auf die hin Harmonie oder Dissonanz beurteilt werden. Schlegel (85) versucht folgende Zusammenfassung:

> „Statt O. K. kann auch stehen ‚reich', ‚hilfreich', ‚religiös', ‚sauber', oder irgend eine andere Eigenschaft, die als positiv beurteilt wird; statt ‚nicht

O. K.' kann je nach Umständen ,arm', ,unwissend', ,kindisch', ,verwahrlost' oder irgend eine andere Eigenschaft gesetzt werden, die als negativ beurteilt wird."

Was als ok erlebt wird, hängt inhaltlich am Wertesystem der Bezugsgruppe, in der der einzelne lebt. Bezeichnenderweise werden die Werte, auf die sich das ok bezieht, inhaltlich nicht reflektiert. Hier gibt sich die TA von ihrem Grundprinzip her als *funktionalistisch* zu erkennen, wenngleich sie damit implizit ihre Werte unter dem Mantel der Wertneutralität transportiert und allen aufprägt. Dazu Oden (a 105 f):

> „Die außerordentlich hohe Einschätzung der Intimität und die entsprechende Herabsetzung anderer Arten der Zeitstrukturierung ist eine ausgesprochen klassenorientierte Wertordnung. Das dringliche, ja geradezu panische Suchen nach Intimität ist endemisch bei der amerikanischen oberen Mittelklasse, den im Wettbewerb und Aufstieg begriffenen Leuten mit dem weißen Kragen, die tatsächlich die Hauptkundschaft der Psychotherapie stellen und deren kulturelle Anschauungen Bernes Wertvorstellungen wie angegossen passen. Auf ihre Werte (Aufstieg, Autonomie, Gewinn, Erfolg, Gestreicheltwerden, individuelle Freiheit usw.) ist Bernes Therapie zugeschnitten; bei ihnen findet sie Anklang. Meiner Meinung nach versteht man diese Werte am besten im Licht der jüngsten Geschichte dieser Sonderklasse und kann sie vernünftigerweise nicht verallgemeinern, um die Natur des Menschen zu beschreiben.
>
> Man frage sich, wie ein armer Kumpel aus den Kohlenbergwerken Kentuckys oder ein schwarzer Musikant oder die Frau eines Weizenfarmers aus South Dakota oder fast jeder Mensch der Dritten Welt in die typische TA-Gruppe passen würde, und man trifft den Kern der Sache. Psychotherapie und Gruppenprozesse überhaupt sind offenbar irrelevant für die Werte anderer Gesellschaftsschichten als jener, aus der ihre hauptsächliche Kundschaft stammt.
>
> Die TA steht unter den Psychotherapien nicht allein mit ihrer Anmaßung, daß ihre Werte auf alle Menschen zu allen Zeiten universal anwendbar seien; jedoch erweist schon die oberflächlichste kritische soziologische Untersuchung der gegenwärtigen Psychotherapie, daß die therapeutischen Wertsysteme um die angemaßten Werte einer besonderen sozialen Klasse kreisen. Es paßt zu der durchgängigen Kurzsichtigkeit der TA wie der Psychotherapie überhaupt, daß jede soziologische Einschätzung ihrer implizit angenommenen Werte unterbleibt. Solche Kritik muß ein System besonders hart treffen, welches voraussetzt, daß seine Werte universal bei allen vernünftigen Menschen gelten."

Wo nun die TA innerhalb ihres funktionalistischen Grundkonzepts und im Rahmen der ihr immanenten Werte auch andere Werte zum

Zuge kommen läßt, da geht es allemal um Werte und Ziele, die der autonome Mensch sich selber geben oder selber suchen soll. Das ist zwar für jede Form von Immanentismus kennzeichnend, aber in der TA, wo die Autonomie des einzelnen zum Ziel erklärt ist, wird der Immanentismus zum Programm.

> „Die Erringung der Autonomie ist das höchste Ziel der Transaktionsanalyse." – „Autonomie (ist) ein menschliches Geburtsrecht." (James/Jongeward 297)

Damit stehen wir wieder an dem Punkt, an dem das Menschenverständnis der TA und des christlichen Glaubens sich scheiden. Die TA sucht die Gesundung des Menschen darin, daß er sich (autonom) in sich selber gründet. H. M. Barth (157) sagt unter theologischem Blickwinkel:

> „Anthropologie trägt notwendig das Stigma des Menschen, der sie entwirft … Wie sollte die von Menschen entworfene Anthropologie anders beschaffen sein als das menschliche Leben, von dem sie ausgeht und das sie bedenkt."

Das ist nicht moralisch wertend gemeint, sondern im Blick auf das theologische Verständnis von Menschsein, wo gerade das Selbstverständnis des Menschen als eines in sich selbst gegründeten Wesens radikal in Frage gestellt wird. Jüngel (351 f):

> „Ontisch *will* der Mensch allerdings sich in sich selber begründen. Er ist beherrscht vom Willen zu sich selbst. Das weist sich in einer anthropologischen Dominanz des Willens gegenüber dem Hörvermögen aus. Der Wille, der nicht hören kann, ist der Wille zur Selbstbegründung. Ihm korrespondiert die Reduktion aller Verhältnisse auf das Verhältnis des Menschen zu sich selbst als ein ‚inconcussum fundamentum veritatis' (unerschütterliches Fundament der Wahrheit). Identität als Selbstidentifikation ist das anthropologische Postulat des vom Willen zu sich selbst beherrschten Menschen.
> Der christliche Glaube versteht diese ontische Tendenz des Menschen zur Selbstbegründung als *Sünde*. Identität als Selbstidentifikation ist für den Glauben das Merkmal eines sich selbst gerade verlierenden Menschen. Denn der Mensch findet sich nach der Auffassung des Glaubens niemals bei sich selbst. Er kommt gerade nicht bei sich selbst zu sich selbst. Der Mensch kommt zu sich selbst, wenn er zu einem anderen, als er selber ist, kommt. ‚Wer sein Leben erhalten will, der wird es verlieren. Und wer sein Leben verliert … der wird es erhalten' (Mark. 8,35)."

Peters (47) denkt das nur in die kirchliche Praxis weiter, wenn er schreibt:

„Das Geheimnis christlicher Seelsorge vollzieht sich im Überschritt von der immanenten Dimension unseres Existierens vor den Menschen (coram hominibus), innerhalb dieser Erdenwelt (coram mundo) sowie vor dem eigenen Selbst (coram me ipso) zum transzendierenden Horizont unseres Lebens im Angesichte Gottes (coram Deo) unter seiner Weisung und Verheißung."

G. Hennig (12) präzisiert im Hinblick auf Autonomiekonzepte, die die Selbstverwirklichung des Menschen in sich selber zum Ziel haben:

„Es ist... zu unterstellen, daß die Bibel genau das, was heute Selbstverwirklichung heißt, in der Regel als Sünde bezeichnet, als die Ursünde Adams – sofern es sich um die emanzipatorische Durchsetzung selbsterwählter Lebensziele handelt. Denn der Mensch, der sich an Jesus vorbei selbst verwirklichen will, muß sich in der Tat die Frage Jesu gefallen lassen: was es denn dem Menschen hülfe, wenn er die ganze Welt gewönne und alle selbstgesteckten Ziele erreichte, darüber aber das ihm von Gott schon zugedachte Ziel verfehlte ‚und nähme Schaden an seiner Seele' (Mk 8,34 ff). Ich-Stärke, die aus dem Evangelium zuwächst und mit dem Evangelium bleibt, ist etwas anderes."

Trotz dieser fundamentalen und unvereinbaren Gegensätze im Verständnis des Menschen empfiehlt sich die TA für die Kirche

„als besonders hilfreich im Erwecken von Vertrauen, Wachstum, Liebe und Hoffnung" (James/Savary 20),

womit eindeutig christliche Begriffe aufgenommen sind. Mit Hilfe der TA soll auch der christliche Glaube seine richtige Gestalt finden und der Mensch zu seiner ursprünglichen „Ich bin ok, du bist ok"-Position zurückgebracht werden.

Diese überraschende Wendung wird trotz der genannten Gegensätze auf verblüffend einfache Weise erreicht. Die TA behauptet: Was christlicher Glaube verschlüsselt in religiösen Kategorien sagt, das sagt die TA (nur besser, direkter, verständlicher und eindeutiger) in psychologischen Kategorien. Die TA konstatiert also eine Konvergenz der Aussagen von TA und christlichem Glauben. Das mag die Gegenüberstellung auf Seite 65 verdeutlichen.

Der „Schlamm des institutionalisierten Dogmas" ist hier also beseitigt. Ein klares Erlösungskonzept tritt hervor:

– Von Natur aus habe ich die heile Position „Ich bin ok, du bist ok".

TA	christlicher Glaube
Der Mensch ist mit der natürlichen und gesunden Lebensposition „Ich bin ok, du bist ok" geboren.	Schöpfung: „Und Gott sah an alles, was der Mensch gemacht hatte siehe, es war sehr gut." (Gen. 1,31)
Säugling und Kleinkind erleben sich als ohnmächtig und „entscheiden" sich in allen Kulturen für eine der nicht-gesunden Fehlhaltungen. Im ersten Lebensjahr wird die Position „Ich bin ok, du bist ok" ausgebildet. Bis Ende des zweiten Lebensjahres bildet sich die Position „Ich bin nicht ok, du bist nicht ok" oder „Ich bin ok, du bist nicht ok" heraus.	Sündenfall
Ziel der TA-Therapie ist es, den Menschen zu seiner ursprünglichen und gesunden „Ich bin ok, du bist ok"-Position zurückzuführen.	Erlösung

„Die Theorie der TA sagt, daß die Menschen in ihrem tiefsten Selbst ok sind, und sie stimmt darin mit dem Satz aus dem biblischen Schöpfungsbericht überein: ‚Und Gott sah, daß es sehr gut war'." (James/Savary 48)

- Durch meine frühen Entscheidungen, die sich in meinem Skript verfestigen, falle ich aus diesem paradiesischen Zustand, d. h. in die Sünde.
- Die TA deckt das auf.
- Jetzt habe ich die Möglichkeit, meinen „Fall" zu erkennen und mich neu und wieder für die Position „Ich bin ok, du bist ok" zu entscheiden.

  Harris (243): „Doch wenn wir die wahre Situation erkennen, können wir den Fall wiederaufnehmen und eine neue Entscheidung fällen."

  James/Savary (188): „Sich für die gute Botschaft entscheiden, heißt, sich für das ok-Sein entscheiden, denn das Evangelium verkündet die göttliche Zusage, daß jeder Mensch ok ist."

Die Anbindung an die christliche Terminologie ist etwas mühsam; die TA-Inhalte werden im Grunde aber nicht berührt, denn:

- Ich kann wissen, was heiles Leben ist.
- Ich kann daran meine erlösungsbedürftige Situation erkennen.
- Ich kann meine Fehlentscheidung erkennen.
- Ich kann mich für ein heiles Leben neu entscheiden und meinen Fall gleichsam zurücknehmen.
- Ich kann wieder in die heile Grundposition „Ich bin ok, du bist ok" zurückfinden;

dies alles durch *meine* Kraft, allein mit Hilfe der Einsicht, die mir die TA zur Verfügung stellt, ohne Jesus Christus, ohne die Schrift, ohne Glauben und ohne Gnade. Du kannst dein Skript ändern! Das ist die frohe Botschaft der TA: das Psychangelium.

Die TA ist demnach ein vollständiges Erlösungsprogramm, das ich selbst in der Hand habe. Die Befreiung durch die TA ist an die Stelle von Glaube und Gnade getreten. Also nicht nur, daß die TA das Erlösungsgeschehen in psychologischen Kategorien ausdrückt, sondern: Was die TA erkannt hat, das *ist* der tiefste Sinn des Evangeliums, das bringt die christliche Botschaft erst verstehbar hervor.

Angesichts solcher Angebote werden wir gut daran tun, uns von Ebeling (c 359) die theologische Dimension von Heil und den unüberbrückbaren Gegensatz, der aus theologischer Sicht zum TA-Konzept hin besteht, verdeutlichen zu lassen:

„Heil will als das verstanden sein, was seinem Wesen nach nicht Objekt menschlicher Tätigkeit sein kann, weil es nicht das Haben des Menschen betrifft, sondern sein Sein. Heil ist das, was nur von Gott zu erwarten ist, weil es den Menschen in seiner Grundsituation als den betrifft, der seiner selbst nicht mächtig ist. Das Unheil des Menschen hat gerade in dessen Stärke seine Wurzel. Sünde ist der Wahn, primär und letztlich nur Täter zu sein."

Es ist nahezu überflüssig zu erwähnen, daß Jesus Christus, Rechtfertigung und Heilsgeschehen sich in das TA-Konzept nicht integrieren lassen, also auch keine Rolle spielen und nicht erwähnt werden. Statt dessen wird der Versuch gemacht, in einem (bewußten?) Rückgriff auf mystische Vorstellungen eine „göttliche Kraft" in den geschlossenen Kosmos der Ich-Zustände einzuführen. Die kirchlichen Vertreter der TA haben zu diesem Zweck die strenge Geschlossenheit der Ich-Zustände aufgebrochen und einen „inneren Kern" oder das „spirituelle Selbst" konstruiert. Dieser erst „kürzlich entwickelte TA-Begriff"

(James/Savary 37) soll das Strömen der Energie in der Persönlichkeit erklären und wird als das „tiefste Selbst", als „eine stetige persönliche Realität, die allen drei Ichzuständen zugrunde liegt", charakterisiert. Dieser „innere Kern" ist eine Art Überpersönlichkeit, die wie ein permeabler Schlauch alle Ichzustände durchdringt.

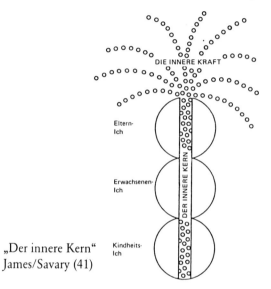

„Der innere Kern"
James/Savary (41)

Der „innere Kern" ist durchpulst von der „inneren Kraft". James/Savary (40):

> „Die Energie, welche vom inneren Kern aus zu allen drei Ichzuständen geleitet wird, ist eine positive, persönliche Kraft, – Kraft zum Guten und zum Wachstum. Wir wollen sie die ,innere Kraft' nennen. Andere mögen die Quelle dieser inneren Kraft Gott, Geist, Natur, Seinsgrund u. a. m. nennen."

Die innere Kraft wird als eine Kraft beschrieben, die

> „ihre Quelle in der göttlichen Kraft hat, die durch das ganze Universum pulsiert." (James/Savary 40)

Unverhüllter und deutlicher läßt sich eine panentheistische Konstruktion kaum formulieren. Keine Rede vom Wort, das in der Gestalt Jesu unter uns Fleisch geworden ist, sondern

> „im inneren Kern erfolgt die Fleischwerdung der göttlichen Kraft" (James/Savary 44).

Die Konstruktion von der inneren Kraft ist der Versuch, das Therapie-Ziel „Autonomie" christlichem Denken akzeptabel zu machen. Für das Umsprechen des therapeutischen Erlösungsvorgangs der TA in religiöse Erlösungsvorstellungen spielt dieser Begriff allerdings nur eine marginale Rolle. Wo die TA ihre Erlösungsvorstellungen zu religiösen Bildern und Begriffen ins Verhältnis setzt, da treten ihre Inhalte und Ziele wieder klar hervor. Das Ergebnis ist ein klassisches gnostisches Konzept in säkularem Gewand. Die Gnosis hat viele Varianten im Detail, aber doch eine durchgängige Grundstruktur. Im folgenden lege ich die Skizze der gnostischen Grundstruktur nach Schnackenburg (112 f) zugrunde und deute die Analogie im TA-Konzept an.

Gnosis: Der menschliche „Wesenskern, der göttliche Geist in ihm, stammt aus der himmlischen Welt." Der Mensch hat einen göttlichen Lichtfunken in sich.

TA: Die Menschen sind in ihrem tiefsten Selbst ok. Sie haben von Natur aus die gesunde Lebenshaltung „Ich bin ok, du bist ok."

„Der Mensch ist dazu bestimmt, in der ersten Position zu leben: ‚ich bin ok – du bist ok'." (James/Savary 79 f)
Es gibt eine „fundamentale Seite der menschlichen Natur, in der die Spuren des Gottesbildes und der göttlichen Kraft in uns erhalten sind." (James/Savary 49)

Gnosis: Der göttliche Lichtfunke in uns gerät in die Verstrickungen dieser Welt und entfernt sich so von seinem wahren Selbst.

TA: Bereits in den ersten Lebensjahren verläßt das Kind die gesunde Lebensposition und legt sich auf eine der drei ungesunden fest.

Gnosis: „Alles Streben geht nun dahin, dieses innere Wesen, das ‚Selbst' des Menschen, aus den Verstrickungen der materiellen Welt zu befreien, in die himmlische Lichtwelt zurückzuführen."

TA: Der Mensch sehnt sich danach, wieder zu seiner ursprünglichen und gesunden Lebenseinstellung zurückzufinden und sich aus den ungesunden Lebenseinstellungen (ich bin nicht ok usw.) zu befreien.

Gnosis: „Das aber geschieht durch Wesenserkenntnis, durch Gnosis."

Dabei „handelt es sich ‚wesentlich (um) Selbsterkenntnis, Erkenntnis des göttlichen Elements, das das wahre Selbst darstellt‘."

TA: Die TA liefert die Erkenntnis vom wahren, ursprünglichen und gesunden Menschsein, das in der Haltung des „Ich bin ok, du bist ok" erkannt wird. James/Savary (49) wollen mit ihrem Buch zeigen, wie das ursprüngliche Recht-Sein „wiedererkannt" werden kann.

Gnosis: Die Gnosis selbst oder eine Erlösergestalt zeigt den Weg, wie die Seele wieder in die wahre himmlische Heimat zurückfinden kann.

TA: Die TA bzw. ein Transaktionsanalytiker zeigt mir den Weg, wie ich wieder zu meinem ursprünglichen ok-Sein zurückfinden kann: indem ich mein Lebensskript analysiere und als ungesund erkenne, indem ich mich autonom zu meiner gesunden Lebensposition „Ich bin ok, du bist ok" neu entscheide.

Gnosis: „Es ist eine Lehre über den Menschen und seine Selbsterlösung."

TA: Die TA sagt dir, in welcher Lebenshaltung das wahre Selbst, das wahre Leben liegt. Du kannst dein Skript ändern. Also ändere es, und du hast zu deinem „ursprünglichen Rechtsein" zurückgefunden.

Gnosis: „ Auch der Weg der Erlösung, näherhin die Zurückgewinnung des wahren Selbst, das Hören auf den Ruf, der in der Gnosis zwar von außen kommt, aber letztlich doch den Ruf des sich selbst findenden Seins bedeutet ... liegen vom modernen Existenzverständnis nicht weit ab."

TA: Autonome Selbstverwirklichung ist das erklärte Ziel der TA.

Gnosis: „Der Gnostiker strebt nach der Befreiung vom Zwang des Schicksals, nach der wahren, in ihm selbst angelegten Freiheit."

TA: Der TA-Adept strebt danach, sich aus den Programmierungen des parentalen Programms zu befreien und autonom seine neue Entscheidung zu treffen. Für die TA ist „Autonomie ein menschliches Geburtsrecht" (James/Jongeward 297).

Gnosis: Der im christlichen Gewande auftretende Gnostizismus ist „ein Sonderfall der Gnosis, die das Christentum wie auch andere

Bereiche des damaligen geistig-religiösen Lebens parasitär befiel, geistig unterwanderte und in der Substanz bedrohte".

Die *TA* trägt in sich die Tendenz, ihre Anhänger zu Bekenntnisgemeinschaften zusammenzuschließen. Insofern nimmt sie im Raum der Kirche die Züge einer Sekte an. Sie tritt aber weder aggressiv gegen die Kirche noch still im Getto auf, sondern zeigt innerhalb der Kirche einen bemerkenswerten missionarischen Drang. Indem sie die Konvergenz der Inhalte von TA und christlichem Glauben behauptet, stellt sie sich als der Kirche und dem Glauben dienend dar. Da das Konstrukt als Ganzes eine gnostische Variante von Selbsterlösung darstellt, trägt die TA *Züge einer parasitären Sekte gnostischen Charakters* (Fischer c). Eine Kirche, die Jesus Christus als ihren Herrn und Erlöser bekennt, hat – nicht nur hier – einigen Grund zu der Frage, was das für ein „Dienst" ist, der ihr in der Gestalt der TA angetragen wird.

12 Zur Interpretation christlicher Inhalte

Der Charakter des TA-Konstrukts wird anschaulich und manifest in der Art und Weise, in der biblische Texte „interpretiert" werden. Die TA verspricht,

> „daß durch Aneignung der TA das Wort Gottes klarer gehört ... werden kann." (James/Savary 33)

Harsch (12 f) weist in seinem Vorwort zur deutschen Ausgabe von James/Savary auf die Interpretationshilfe, die die TA gibt, besonders hin.

> „Die Erkenntnisse von James und Savary helfen auch, intensiver in die Dynamik biblischer Texte einzudringen."

Was das konkret heißt und was die TA unter einem klareren Hören des Wortes Gottes versteht, das zeigen die folgenden (vollständig zitierten) Interpretationsbeispiele zu Lk 10, 30 ff und zu Mt 13, 3-9.

> „Ein Pfarrer versuchte, die biblische Geschichte vom Barmherzigen Samariter vom Standpunkt der TA aus nachzuzeichnen. Er fertigte eine Skizze für seine Predigt an, in der es heißt:
> Der Reisende: Ich bin nicht ok – du bist ok (der ängstliche Glaubende)
> Priester und Levit: Ich bin ok – du bist nicht ok (der überhebliche Glaube)
> Der Räuber: Ich bin nicht ok – du bist nicht ok (der verzweifelte Glaubende)
> Der barmherzige Samariter: Ich bin ok – du bist ok (der vertrauensvolle Glaubende)." (James/Savary 115)

> „Im Gleichnis vom Sämann beschreibt Jesus, was jeder Gruppe von Neuhinzugekommenen geschehen kann: einige Samenkörner fielen auf den Weg und wurden von den Vögeln aufgepickt; manche fielen auf steinigen Boden und gingen an Wasser- und Bodenmangel zugrunde; andere fielen unter die Dornen und wurden erstickt; und schließlich fielen einige auf guten Boden und brachten Frucht hervor. Der Sinn ist, daß wir unser ok-Sein in gute Erde fallen lassen sollen. Wir wollen zusehen, daß es genug Nahrung durch Streicheln findet." (James/Savary 122)

Zu Mk 10, 15 schreibt Harris (256):

> „Jesus sagte: ‚Wer das Reich Gottes nicht empfähet als ein Kindlein, der wird nicht hineinkommen.' Ich glaube, das Kindlein, von dem Jesus spricht, ist das wiedergeborene natürliche Kindheits-Ich. Seine Wiedergeburt ist möglich, wenn das Erwachsenen-Ich das NICHT-O. K. begriffen hat, das durch den Adaptions- und Akkulturationsprozeß entstanden ist."

Einen Text hören heißt demnach, die TA-Kategorien auf ihn anwenden. Es geht offenbar gar nicht darum, die Aussagen des Textes zu hören, sondern lediglich darum, die TA-Kategorien in ihn hinein- und somit aus ihm herauszuhören. Bei dieser „Exegese" muß notwendig alles ungehört bleiben, was nicht in den TA-Kategorien unterzubringen ist. Die biblischen Texte werden rigoros auf das TA-Format zurückgeschnitten. So kann nichts zur Sprache kommen, was nicht schon im TA-Konstrukt enthalten ist. Der Leser darf in den biblischen Texten das entdecken, was er von der TA her ohnehin schon weiß. Die Texte werden zu Illustrationen der TA-Wahrheiten. Die Selbstbestätigung der TA an Hand von biblischen Texten wird ganz unbefangen ausgesprochen. James/Savary (195):

> „Wir konnten anhand der Bibel zeigen, daß jedermann zum ok-Sein gerufen ist."

Das gleiche Verfahren wird auch auf alle anderen christlichen Aussagen, Begriffe und Inhalte angewendet. Das ok-Sein ist Dreh- und Zielpunkt aller Erkenntnis. So sagen James/Savary (191) zur *Schöpfung:*

> „Der Apostel Paulus sagt, Gott spreche nicht nur den Menschen, sondern auch der ganzen Schöpfung das ok-Sein zu. Gottes Plan ist, alle Dinge im Himmel und auf Erden in Liebe zusammen zu fassen. Es ist Gottes Wille, daß im Universum alles zur Erfüllung kommt: Magnolienbäume, Shetland-ponys, amerikanische Rosen, deutsche Schäferhunde, siamesische Katzen, alles, was atmet und wächst. Die Schöpfung, die Gott am Anfang ,gut' fand (1 Mose 1,25), soll vom Heiligen Geist erfüllt werden und zusammen mit Gottes Volk als eine neue Welt aufblühen.

> Im Buch Jesaja ist die Erlösung von allem Bösen – dem kollektiven wie dem persönlichen – und das Erfassen völliger Gewißheit schon genannt. Niemand und nichts soll sich mehr nicht-ok fühlen; die ganze Schöpfung wird von der Inneren Kraft durchdrungen sein und unwiderleglich von sich sagen können, sie sei ok (Jes. 40-66)."

Das *Gewissen,* für Luther

> „eine an der Norm des Guten und Wahren verzweifelnde relationale Selbst- und Gotteserfahrung" (Mokrosch 31),

ist für Harris (240) nur noch in der Frage von Belang:

> „Kommt es vom Eltern-Ich, vom Erwachsenen-Ich oder vom Kindheits-Ich?"

Oden (a 110) bemerkt dazu:

„Jene peinliche Tatsache nämlich, daß der Mensch ein moralisches Wesen mit einem Gewissen ist, ist genau der Zustand, aus dem Berne offensichtlich einen Fluchtweg zu finden wünscht."

Das ist konsequent in einem Menschenverständnis, in dem die Autonomie des einzelnen als höchster Wert gilt.

Was sich daraus über den *Wert des Menschen* herleiten läßt, bringt Harris (240) auf die bereits zitierte Formel:

„Nur das emanzipierte Erwachsenen-Ich kann sich mit dem emanzipierten Erwachsenen-Ich anderer *darüber einigen*, worin der Wert des Menschen liegt."

Die Entscheidung über Wert und Unwert des Menschen ist hier dem Menschen voll in die Hand gegeben. Der Wert des Menschen ist in der wechselseitigen Nützlichkeit verankert. Harris (241):

„Wenn ich dich entwerte, entwerte ich mich selbst. Das ist das Grundprinzip der Lebensanschauung ICH BIN O. K. – DU BIST O. K."

Die theologische Anfrage an einen konsequenten Immanentismus, der auch für die TA kennzeichnend ist, stellt H. M. Barth präzis in seinem Beitrag zu Luthers Anthropologie (166):

„Was Luther dem Menschen als der ‚materia Dei' an säkularer Freiheit des Denkens und Handelns zugemutet hatte, nutzt der säkulare Mensch . . . zur Formierung seiner selbst als der materia sui. Er reduziert sich zum Menschen ‚huius vitae' und behandelt sich selbst und den Mitmenschen als ein Stück ‚materia' – was dabei herauskommt, ist erschreckend genug."

Auch andere zentrale christliche Begriffe gewinnen für die TA nur Sinn, sofern sie auf TA-Kategorien zurückgeführt werden können. So beispielsweise der Begriff *Gnade*. Tillichs Frage:

„Wisst ihr, was es heißt, von Gnade durchdrungen zu sein?"

ist für Harris (254) gleichbedeutend mit der Frage:

„Wisst ihr, was es heißt, ICH BIN O. K. – DU BIST O. K. zu erleben?"

Harris läßt keinen Zweifel, daß hier christlicher Glaube und TA identisch sind:

„Die zentrale Botschaft Christi war der Begriff Gnade . . . Der Begriff der Gnade ist nach der Interpretation von Paul Tillich, dem Vater aller ‚neuen christlichen Theologen' eine theologische Formulierung von ICH BIN O. K. – DU BIST O. K.." (245)

Wie das gemeint ist, führen James/Savary (81) so aus:

„Die Annahme der ersten Lebensposition (nämlich: Ich bin ok, du bist ok) ist eine *persönliche Wahlentscheidung*. Niemand kann dem anderen das ok-Sein ‚vermitteln' oder geben. Ok-Sein ereignet sich auch nicht zufällig, sondern es verlangt eine Entscheidung: Wie will ich mein Leben ansehen, wie gedenke ich mich zu meinen Mitmenschen zu verhalten? Mich selbst als ok anzunehmen, kann dem Erlebnis einer Bekehrung gleichkommen." Hier liegt das Prinzip der Selbstrechtfertigung offen zutage. Das „ursprüngliche Recht-sein" ist als die ok-Postition definiert; und zu eben dieser Position kann ich mich selbst entscheiden. Damit ist der Mensch ganz und gar auf sich und auf seine Entscheidungen zurückgeworfen.

Der Gegensatz zum evangelischen Rechtfertigungsverständnis zeigt sich selbstverständlich auch in dem Versuch, den *Sündenbegriff* in das TA-Konstrukt zu integrieren. Sünde ist als die Entscheidung des einzelnen für eine der drei nicht-ok-Positionen verstanden und wird neuerdings auch darin gesehen, daß

> „der Innere Kern bewußt den natürlichen Zustrom der Inneren Kraft blockiert." (James/Savary 49).

Sünde wird als Befindlichkeit des Menschen verstanden. Sie wird an dem ursprünglichen „Recht-Sein" gemessen, oder im Verhältnis zur „Inneren Kraft" als Defizit angesehen. Sünde wird von einem wie auch immer definierten idealen Menschsein her begriffen. Menschsein ist dabei rein immanentistisch verstanden als das Verhältnis, das der Mensch zu sich selbst hat. Im christlichen Sündenverständnis kommt demgegenüber gerade zum Ausdruck, daß der Mensch als Mensch eben nicht durch ein ideales Verhältnis zu sich selbst konstituiert wird, sondern in einem anderen gegründet ist. Sünde ist dann nicht Defizit, das ich im Wissen um wahres Menschsein erkennen und abstellen könnte; Sünde im christlichen Verständnis kommt überhaupt erst in den Blick, wo das immanentistische Selbstverständnis gleichsam von außen her überwunden wird und der Mensch sich als im Gegenüber zu Gott konstituiert erfährt. Von diesem Gegenüber her wird Rechtsein erst eröffnet und als Ereignis qualifiziert, das gerade nicht in der Verfügung des Menschen liegt.

Wo Sünde zum Hilfsbegriff eines Selbsterlösungsprozesses wird, da wird auch *Schuld* zu einem Phänomen im innerpsychischen Prozeß, das durch die Therapie gleichsam aufgelöst wird.

Die TA verspricht Hilfe zum *Glauben*. Zu welchem Glauben?

Entsprechend der TA-Theorie hat jeder Ich-Zustand seine charakteristische Art des Glaubens. Die Übersicht Seite 76 (James/Savary 64, 73) gibt einige Anschauung.

Jeder Übersicht, die eine gewisse Vollständigkeit anstrebt, ließe sich zugute halten, daß auch alle Mißverständnisse von Glauben mitberücksichtigt werden. Die Typisierungen sind allerdings so nicht gemeint. Vielmehr (James/Savary 65):

> „Im Idealfall haben die Glaubenden, dank der Inneren Kraft, die Möglichkeit, in sich ein Gleichgewicht der drei Glaubensweisen zu schaffen, so daß sie aktiv am kirchlichen Leben teilnehmen und sich ursprünglicher, persönlicher religiöser Gefühle erfreuen können."

Richtiger Glaube besteht demnach in einer Art additiven Integration der Glaubensweisen der drei Ich-Zustände. Im Verständnis der TA ist der Horizont des christlichen Glaubens damit voll ausgeleuchtet. Hier liegt auch das Problem; denn in diesen Ausführungen ist nicht der mindeste Hinweis auf das zu entdecken, was christlichen Glauben ausmacht. Glaube ist unter verschiedenen Hinsichten massiv verdinglicht als Tradition, als Gefühl und als Gedanke. Wenn es in einer Einladung zu einer „geistlichen Wachstumsgruppe" heißt:

> „Mit Hilfe von Übungen und Meditationen können die Teilnehmer überprüfen, ob ihr Glaube im Dienst eines einengenden Lebensplanes steht und evtl. neue Glaubensentscheidungen treffen" (H. u. K. Harsch, Langenhainer Transaktionsanalytische Seminare),

so steht der eigene Lebensplan eindeutig im Mittelpunkt, und der Glaube wird daraufhin befragt, ob er diesen meinen Lebensplan fördert oder hindert. Je nach der Wirkung dieses „Glaubens", die ich nach den TA-Kategorien für mein Wachstum, meine Entwicklung und meinen Lebensplan erkenne, treffe ich dann meine gegebenenfalls neuen Glaubensentscheidungen. Christlicher Glaube ist nach evangelischem Verständnis gerade nicht verfügbares Mittel zu meiner Selbstverwirklichung. Im Glauben wird umgekehrt offenbar, daß meine immanentistischen Selbstverwirklichungspläne radikal in Frage gestellt sind, weil ich meinen Existenzgrund nicht in mir selber, sondern in jenem extra nos habe, das mir nicht zu meiner Verfügung steht. Spricht die TA vom Glauben, so nennt sie Sachverhalte (wie z. B. Tradition, Normen, Gebote, Befehle, Erfahrungen, Gefühle, Gehorsam, Ablehnung); christlicher Glaube hingegen ist personales

Glaubende	Ihr Glaubensverständnis beruht auf:	Sie sehen den Ausdruck des Glaubens vor allem in:	Allgemeine Weise des Handelns	Quelle der moralischen und ethischen Verantwortung	Ursprüngliche religiöse Motivation des Handelns
EL-Glaubende	dem, was von elterlichen und anderen Autoritäten *verinnerlicht* wurde	*gelernter Tradition* in Normen, Lehren, Geboten, Verboten (was man tut und nicht tut)	*Urteilend* (im Sinne der Befolgung und Verstärkung von Regeln) und *fürsorglich* (Sorge um Bedürfnisse anderer)	durch *Tradition bestimmte Kontrolle;* nur Ausführung von Befehlen	*Pflicht,* Gehorsam der Kirche, Bibel etc. gegenüber
K-Glaubende	dem, was innerlich *gefühlt* (oder gewünscht oder fantasiert oder konditioniert) wurde	*inneren Gefühlen und erlernten Reaktionen* auf persönliche Erfahrungen	*unterdrückte, angelernte, impulsive* oder *intuitive* emotionale Reaktionen	*Reaktion auf Gefühle und Konditionierung;* tut alles, was spontane oder konditionierte Gefühle verlangen	*plötzliche Eingebung, Neugier, Zustimmung* oder *Ablehnung*
ER-Glaubende	eigenen *Gedanken* über Tatsachen, Informationen und Erfahrungen	*Glaubensentscheidungen* aufgrund vorausgegangener Reflexion	*vernünftig,* unter klarer Erwägung von Alternativen	*innere Kontrolle;* übernimmt volle Verantwortung für sein Verhalten	*Einsicht;* formuliert reflektierend persönliche Entscheidungen

Vertrauensverhältnis. Ideal der TA bleibt der „autonom Glaubende".
(James/Savary 182 f):

> „Man kann den erwachsenen Glaubenden als ‚autonom' beschreiben. Es ist
> charakteristisch für diese Menschen, daß sie sich in der Hand haben, selbst
> ihr Schicksal bestimmen ... Integrierte, entscheidungs- und handlungsfä-
> hige ok-Menschen nennen wir autonom; diese Menschen sind frei, sie
> selbst zu sein und zu werden. Eine solche Autonomie wird von vielen
> Menschen als ein religiöses Grundrecht angesehen, aber nur wenige
> erlangen sie wirklich."

Was die TA Glauben nennt, hat mit christlichem Glauben nichts zu
tun, führt auch nicht zu ihm hin, sondern stellt sich als der Versuch
dar, das dem TA-Konstrukt innewohnende Autonomiekonzept religiös zu überhöhen und zu legitimieren.

In gleichem Sinne werden auch die *Sakramente* verstanden.
- Für das strafende Eltern-Ich werden sie als „verpflichtend" ange-
  sehen.
- Für das nährende Eltern-Ich

  > „antworten (Sakramente) auf Bedürfnisse des Menschen." (James/Sa-
  > vary 164)

- Für das freie Kindheits-Ich sind Sakramente

  > „Erlebnisse der Hingabe, die den Christen das Gefühl vermitteln, vor Gott
  > ok zu sein." (James/Savary 165)

- Für das Erwachsenen-Ich handelt es sich beim Sakrament um ein

  > „Gemeinschaftserlebnis ..., das Christen *gebrauchen,* um ihre eigene
  > religiöse Entwicklung zu fördern." (James/Savary 165)

Auch die Sakramente werden demnach als Mittel verstanden, um die
eigenen Ziele zu verwirklichen.

Wie sich aus den folgenden Zitaten ergibt, wird das *Gottesdienstver-
ständnis* auf das anthropozentrische TA-Konzept festgelegt und in das
System der Bedürfnisbefriedigung und des persönlichen Wachstums
eingebunden.

> „Wie immer, umfaßt auch hier die volle religiöse Erfahrung das Zusammen-
> gehen des Ok-EL- mit dem Ok-K-Ich, wobei das ER-Ich die Koordination
> leitet." (James/Savary 159)

Nach diesen Vorstellungen

> „liegt in einer nährenden EL-ok-Gemeinde die Betonung auf den wahren
> Bedürfnissen der Leute ... Die Predigten sind wachstumsorientiert."
> (James/Savary 157 f)

„Ok-K-Gemeinden vermitteln in ihren Gottesdiensten warme und beglückende Gefühle: Freude, Dankbarkeit, Zusammengehörigkeit. Die Gemeindeglieder werden zu positivem religiösen Leben ermutigt und sind dazu auch fähig ... Das wichtigste für alle ist, in dieser Zeit miteinander zusammenzusein." (James/Savary 158 f)

„Das Hauptziel für den Gottesdienst einer ER-Gemeinde ist die Glaubenserfahrung oder eine Reflexion über theologische Themen. Rituale und feste Formen stehen erst an zweiter Stelle; rituell korrektes Verhalten ist nur ein Hilfsmittel. Folglich passen sich ER-Gemeinden dem Ritual nur an, um religiöse Erfahrungen wirksam werden zu lassen, denn eben dies sei ihrer Meinung nach das Ziel der Menschen gewesen, die das Ritual festlegten." (James/Savary 159)

13 TA als Psychotherapie und christliche Seelsorge

I

Das Gespräch zwischen Seelsorge und Psychotherapie wird seit Beginn dieses Jahrhunderts ernsthaft geführt. Dennoch gilt weiterhin die Feststellung von Läpple/Scharfenberg (1):

> „Die Diskussion darüber, wie sich Psychotherapie und Seelsorge zueinander verhalten, ist in der Gegenwart noch zu keinem definitiven Abschluß gekommen."

Ein definitiver Abschluß dieses Gesprächs ist auch nicht in Sicht. Auf der einen Seite steht die Bestimmung der Seelsorge als Verkündigung des Wortes Gottes an den einzelnen, ein Seelsorgeverständnis, das im Bereich der Dialektischen Theologie formuliert wurde. Auf der anderen Seite steht eine Auffassung, die jede Art von therapeutischer Hilfe zur Seelsorge erklärt, eine Auffassung, die sich zu Unrecht auf Stollbergs Definition „Seelsorge ist Psychotherapie im kirchlichen Kontext" beruft. Zwischen diesen Polen liegt eine Vielzahl von Versuchen, Seelsorge und Psychotherapie gegeneinander abzugrenzen, zueinander in ein Verhältnis zu setzen oder denkbare Formen von Kooperation zu praktizieren. Darauf ist hier nicht im einzelnen einzugehen. Es geht lediglich darum, einige Gedanken und Fragen aufzunehmen, die im Blick auf das Verhältnis zwischen TA und Seelsorge von Belang sind.

Nach meiner Überzeugung ist weder das Seelsorgeverständnis der Dialektischen Theologie noch die Gleichung „Psychotherapie = Seelsorge" in der jeweils konsequenten Anwendung durchzuhalten. Beide Positionen bringen allerdings für die Seelsorge Wesentliches zur Sprache. Es liegt auf der Hand, daß geistliches und psychisches Geschehen in vielfältiger Weise miteinander verflochten sind. Deshalb wird weder eine klare Abgrenzung zwischen Psychotherapie und Seelsorge noch eine Identifikation beider der Wirklichkeit gerecht. Die Frage nach Eigenart, Intention und Schwerpunkt seelsorglichen und psychotherapeutischen Verhaltens wird also weiterhin im Gespräch bleiben müssen. Dabei sollte nicht aus dem Bewußtsein geraten, daß Seelsorge sich nicht durch ihr Verhältnis zur Psychotherapie definieren läßt, weil dabei nur ein bestimmter Aspekt in den Blick kommt, sondern theologisch eigenständig – freilich auch mit dem Blick auf die Psychotherapie – zu bestimmen, zu begründen und zu verantworten ist.

Der Mensch erkrankt nicht nur körperlich; er kann auch seelisch erkranken. Wie eine auf die körperlichen Vorgänge bezogene Medizin notwendig ist, so hat auch Psychotherapie ihren guten Sinn (womit der unguten Trennung der körperlichen und seelischen Vorgänge hier nicht das Wort geredet werden soll. Der Einsatz von Pharmaka in der Psychotherapie muß hier auch nicht thematisiert werden). Theologie und Seelsorge haben keinen Grund, die Legitimität, ja die gegenwärtige Notwendigkeit von Psychotherapie als heilendes Handeln in Frage zu stellen. Die Seelsorge wird im Gegenteil die Erkenntnisse und Hilfen der Psychotherapie annehmen; die Theologie wird sich den Herausforderungen durch die Psychotherapie stellen. Auf der anderen Seite werden Theologie und Seelsorge die Psychotherapie als Konzept und die einzelnen psychotherapeutischen Methoden unter theologischen Gesichtspunkten kritisch zu befragen haben. Psychotherapie und Seelsorge haben je ihre Eigenart, Begründung und Intention. Die beiden Bereiche überschneiden sich, sie unterscheiden sich aber auch voneinander.

Jeder nicht-reduktionistische psychotherapeutische Entwurf kann und wird heute wissen, daß es für Menschen konstitutiv ist, sich selber zu transzendieren, was immer im einzelnen darunter verstanden werden mag. Für reduktionistische oder reduktionistisch verstandene Therapiekonzepte ist weder das Transzendieren noch gar eine Transzendenz, die auf den Menschen zukommt, im Blick. Für diese Therapiekonzepte ist Seelsorge entweder überflüssig oder mit dem therapeutischen Handeln identisch. Diese Position ergibt sich auch für die TA zwangsläufig aus ihrem Selbstverständnis und aus ihrer präparierenden Methode. Im kirchlichen Raum sucht die TA diese Position dadurch zu kaschieren, daß sie zum einen die Konvergenz der christlichen Inhalte mit den Erkenntnissen der TA behauptet und zum anderen panentheistische Vorstellungen von der „inneren Kraft" und dem „inneren Kern" dem eigenen Konstrukt graphisch hinzufügt. Beide Versuche zeigen nur, daß sogar die christlichen Inhalte und eine Art Transzendenz in das TA-Konstrukt vereinnahmt werden. Aus der Sicht reduktionistischen Denkens ist das konsequent.

Bemerkenswert ist, daß Psychotherapeuten, die jene für die Seelsorge spezifische Dimension kennen, von sich aus auf eine klare Abgrenzung zwischen Psychotherapie und Seelsorge dringen. Im folgenden seien dafür einige Beispiele aufgeführt.

Der *Logotherapeut* V. Frankl, für den das Transzendieren auf Sinn hin für Menschsein konstitutiv ist, schreibt (f 219 f):

> „Das Ziel der Psychotherapie ist seelische Heilung – das Ziel der Religion jedoch ist das Seelenheil. Wie verschieden diese beiden Zielsetzungen voneinander sind, mag daraus hervorgehen, daß der Priester um das Seelenheil seines Gläubigen unter Umständen ringen wird ganz bewußt auf die Gefahr hin, ihn eben dadurch nur noch in größere emotionale Spannungen zu stürzen – er wird es ihm nicht ersparen können; denn primär und ursprünglich liegt dem Priester jedes psychohygienische Motiv fern. Aber siehe da: Mag die Religion ihrer primären Intention nach auch noch so wenig um so etwas wie seelische Gesundung oder Krankheitsverhütung bemüht und bekümmert sein, so ist es doch so, daß sie per effectum – und nicht per intentionem! – psychohygienisch, ja psychotherapeutisch wirksam wird, indem sie dem Menschen eine Geborgenheit und eine Verankerung sondergleichen ermöglicht, die er nirgendwo anders fände, die Geborgenheit und die Verankerung in der Transzendenz, im Absoluten. Nun, einen analogen, unbeabsichtigten Nebeneffekt können wir auf seiten der Psychotherapie verzeichnen, insofern nämlich, als wir in vereinzelten, beglückenden, begnadeten Fällen sehen, wie der Patient im Laufe der Psychotherapie zurückfindet zu längst verschüttet gewesenen Quellen einer ursprünglichen, unbewußten, verdrängten Gläubigkeit. Aber wann immer solches zustande kommt, hätte es niemals in der legitimen Absicht des Arztes gelegen sein können, es sei denn, daß sich der Arzt mit seinem Patienten auf demselben konfessionellen Boden trifft und dann aus einer Art Personalunion heraus handelt – dann aber hat er ja von vornherein seinen Patienten gar nicht als Arzt behandelt."
>
> „Die Dimension, in die der religiöse Mensch vorstößt, ist also eine höhere, will heißen umfassendere als die Dimension, in der sich so etwas wie die Psychotherapie abspielt. Der Durchbruch in die höhere Dimension geschieht aber nicht in seinem Wissen, sondern im Glauben.
>
> Was nun den im Glauben vollzogenen Schritt in die divine, d. h. ultra-humane Dimension anlangt, so läßt er sich nicht forcieren, und zwar am allerwenigsten durch die Psychotherapie. Wir sind schon froh, wenn das Tor zum Ultra-humanen nicht blockiert wird durch den Reduktionismus, wie er einer mißverstandenen und vulgär interpretierten Psychoanalyse auf dem Fuß folgt und mit ihr an den Patienten herangetragen wird."

Auch die *Klinische Psychologie* bestreitet selbstverständlich nicht die Ganzheit des Menschen; sie bestreitet ebensowenig, daß der ganze Mensch krank ist. Freilich ist sie der Meinung,

"daß eine ganzheitliche wissenschaftliche Erfassung menschlichen Verhaltens illusionär ist". (Birbaumer 9)

Ursachen von Störungen können daher nur in Ausschnitten erfaßt werden. Im Blick auf die Verhaltenstherapien im Bereich Klinischer Psychologie sagt Birbaumer (12):

"Es ist also nicht so, daß wir hier eine Methode haben und die wenden wir auf mehr oder weniger alle Störungen, die uns begegnen, an, sondern es gibt verschiedene Indikationen. Für verschiedene Störungen gibt es auch verschiedene Interventionsmethoden."

Diese vorsichtig differenzierende Einstellung steht im äußersten Gegensatz zur TA, die alle Probleme menschlichen Lebens mit Hilfe eines einzigen Konstrukts, nämlich mit dem der TA, zu lösen vorgibt. Birbaumer (6) dazu:

"Eine einheitliche Theorie menschlichen Verhaltens existiert nicht und wird auch in absehbarer Zukunkt nicht existieren. Angesichts der Kompliziertheit menschlichen Verhaltens scheint mir eine einheitliche, alles zu klären versuchende Theorie als Anmaßung."

Die ihre Arbeit reflektierende Klinische Psychologie weiß sehr wohl, daß therapeutisches Geschehen nicht wertneutral bleibt. H. – M. Zöllner (b 64 f) sagt:

"Kein noch so geschickter Winkelzug kann den Pschotherapeuten aus dem Dilemma retten, zu Werthaltungen zu stehen, sie zu reflektieren und in die Therapie miteinzubeziehen."

Dies darf aber gerade nicht der Ort sein, Therapie in Seelsorge umschlagen zu lassen. Vielmehr geht der Therapeut nach Zöllner (a 196) davon aus,

"daß psychisches Kranksein schicksalhaft über den Betroffenen hereinbricht, nicht verschuldet ist, nicht einmal einen überindividuellen Sinn hat, sondern durch aktive therapeutische Arbeit im Hier und Jetzt bekämpft werden muß".

Der Seelsorger demgegenüber

"hinterfragt die Not der Kranken, sein Leiden, seine Schmerzen auf deren Sinn im Lebensganzen der Einzelexistenz und der Menschheitsexistenz; er berührt dabei intensiv Fragen der Schuld . . . seine Aufgabe ist es, Trost zu spenden, den er letztlich bezieht aus der Verheißung der Gnade Gottes . . . Sein Arbeitsinstrument mit dem Kranken ist das Gebet . . ." (Zöllner a 195f).

"Diese Kennzeichnung der seelsorgerlichen Aufgaben gilt trotz aller

Verwässerungsversuche der Apologeten des sog. Clinical-Pastoral-Trainings, welche aus dem Pfarrer am liebsten einen Psychotherapeuten und Lebensberater machen würden, der erst ganz am Schluß, genant und verlegen, den lieben Gott hinter dem Rücken hervorzieht und dem düpierten Patienten präsentiert." (Zöllner a 196)

An diese eindeutige Trennung von Psychotherapie und Seelsorge lassen sich von anderen Therapiekonzepten her gewiß Fragen stellen; Zöllners entscheidende Frage nach Begründung und Ziel therapeutischen und seelsorgerlichen Handelns und sein Hinweis auf die unterschiedlichen Dimensionen sind es aber wert, in der Diskussion gehalten zu werden. Zöllner zieht in einer brieflichen Mitteilung den Schluß:

> „Ich denke, der von Krisen geschüttelten Kirche täte es gut, wenn sie ihre Pseudo-Theologen, die eigentlich Psychologen aus Leidenschaft sind, über Bord würfe – denn letztlich sind Psychologie, Psychotherapie einerseits und Seelsorge andererseits inkompatibel (wenn sie sich auch in einem gegenseitigen Achtungsverhältnis befinden sollten)."

Aus der Sicht einer *Personalen Psychotherapie* hebt auch J. Herzog-Dürck (232) Seelsorge und Psychotherapie voneinander ab.

> „Nicht um die Übung im Christsein geht es ja in der Psychotherapie, sondern um die Übung im Menschsein."
>
> „Theologische Seelsorge ist nicht Psychotherapie, Psychotherapie ist nicht theologische Seelsorge . . . Dort geht es um Fragen des geistlichen Heils, hier um Fragen der seelischen Heilung . . . Beide haben es mit dem ganzen Menschen zu tun, jedoch auf verschiedene Weise." (Herzog-Dürck 225)

W. Neidhart (531) sagt zusammenfassend:

> „Die Analytiker vermuten, daß S. (Seelsorge) eine eigene Dimension hat und gerade nicht ‚nur' Psychotherapie ist."

Was unterschiedliche nicht-reduktionistische Therapiekonzepte aus ihrer Sicht andeuten, präzisiert G. Ebeling (d 373) aus *theologischer Sicht* so:

> „Die Psychotherapie betrifft den seelisch Kranken, sie bedient sich des analytischen Gesprächs und zielt auf Heilung durch Selbsterkenntnis. Die Sache der Theologie betrifft jeden, gerade auch den seelisch Normalen, als Sünder, sie haftet an einer Botschaft und zielt auf Heil durch Gotteserkenntnis. So grobschlächtig diese Formulierungen sind, rühren sie doch an den nervus rerum."

Damit wird der Mensch ganz gewiß nicht in zwei Bereiche aufgespalten. Es wird aber deutlich, daß therapeutisches und seelsorgerliches

Handeln Unterschiedliches intendieren und auch unterschiedlich begründet und legitimiert sind. Unbestritten bleibt dabei, daß es zwischen psychischer Gesundheit und Glauben mannigfache Beziehungen und Wirkungszusammenhänge gibt. Es besteht aber keine Möglichkeit, das wechselseitige Verhältnis auf bündige Formeln zu bringen. Weder ist Glaube die Voraussetzung für psychische Gesundheit, noch ist psychische Gesundheit die Bedingung für Glauben. Eine therapeutische Methode, die sich als Mittel verstünde, den Menschen zur religiösen Erfahrung und zum christlichen Glauben zu führen, pervertiert sich nicht minder als ein Seelsorgekonzept, das christlichen Glauben als Mittel für seelische Gesundung einsetzen möchte. Therapie läßt sich ebensowenig zur Hilfswissenschaft der Seelsorge machen wie umgekehrt Seelsorge auch nicht zur Hilfswissenschaft für die Therapie gemacht werden sollte. Psychotherapeutische Prozesse werden immer wieder die Bereiche religiöser Erfahrung berühren. Umgekehrt werden religiöse Erfahrungen auf die psychischen Prozesse einwirken. Beide aber, Psychotherapie und Seelsorge, verfehlten sich selbst und ihre Aufgabe, wenn sie sich als Instrument im Blick auf den jeweils anderen Bereich verstünden.

Es bleibt sinnvoll, „Heilung" und „Heil" inhaltlich auseinanderzuhalten. Damit wird weder ein Gegensatz zwischen beiden aufgebaut, noch hat das etwas mit einem Rückfall in die Position der dialektischen Theologie oder in irgend eine Form von Fundamentalismus zu tun. Lorenz (490) versucht das Gemeinsame und das Unterschiedliche anzudeuten, wenn er sagt:

„Heilung ohne Beziehung auf das Gottesverhältnis ist erst ein Anfang des ganzheitlichen Heilwerdens, dem die Mitte und das Ziel noch fehlen. In der Bewegung des Heils ist die Tendenz auf Heilung, in jeder Heilung liegt eine Tendenz auf Heil. Alles, was Menschen aus ihrer Heillosigkeit, aus ihrem Unheil stückweise herausführt, gehört zu den Lebensprozessen, die ihre Kraft aus der Dimension des Heils haben. Aber daß sie in den Bereich des Heils gehören, wird erst erkannt, wo der Mensch in die Mitte des Heils, in die Versöhnung mit Gott, gerufen ist. Heilende Prozesse gehören in das Heilsgeschehen hinein, aber dieser Zusammenhang kann ausgeblendet und abgeschnitten sein."

Rigoros ausgeblendet und abgeschnitten ist dieser Zusammenhang dort, wo eine psychotherapeutische Methode sich selbst als Heilsgeschehen versteht, weil dann Heil in machbarem Heilen aufgeht. Eine allseitig befriedigende Verhältnisbestimmung zwischen Psychotherapie und Seelsorge wird nur schwer zu formulieren sein. Es ist aber möglich, die *Verschiedenheiten* klarer herauszuarbeiten ohne das Gemeinsame aus den Augen zu verlieren. G. Ebeling (d 382) versucht das, indem er die Relevanz des Wortes im christlichen Sinne präzisiert. Dieses Wort

> „taucht nicht aus den Tiefen des Unbewußten auf, sondern kommt aus der Überlieferung als Verkündigung auf uns zu. Es ist nicht Anamnese der verborgenen eigenen Leidensgeschichte, sondern Erzählung und erinnerndes Wiederholen einer Heilsgeschichte, gipfelnd freilich in der Leidensgeschichte eines Menschen bestimmten Namens, die als Heilsursache geglaubt wird. Es rekonstruiert nicht den zerrissenen Lebenszusammenhang des eigenen Selbst, um durch dessen Objektivation Befreiung eintreten zu lassen, sondern als Zusage des Evangeliums stiftet es einen neuen Lebenszusammenhang."

In diesem Verständnis ist das Wort im Sinne christlichen Glaubens konstituiert und charakterisiert durch „Öffentlichkeit", „Vollmacht" und „Externität".

Therapie hat im Grundsatz privaten Charakter. Der Therapeut handelt angesichts einer bestimmten Störung mit einer dem Fall (hoffentlich) angemessenen Methode. Die TA behandelt alle psychischen Probleme, ja sogar alle menschlichen Prozesse nach dem gleichen Muster, verhandelt also das Private öffentlich. – Seelsorge hat demgegenüber insofern Öffentlichkeitscharakter als der Zuspruch der Gnade öffentlicher Natur ist und jedem Menschen gilt, unabhängig davon, ob jemand psychisch gestört ist oder als psychisch gesund angesehen wird.

Therapie bleibt letztlich in der Verantwortung des Therapeuten, unbeschadet des Postulats, daß der Patient die Verantwortung für den therapeutischen Prozeß selbst zu übernehmen habe. Psychotherapie bleibt also stets an die Einsicht und Kompetenz des Therapeuten gebunden. Denn, so Hemminger (b 57) im Blick auf die Psychoanalyse:

> „die Beziehung zwischen dem Analytiker und dem Analysanden wird, kommunikationstheoretisch betrachtet, vom Analytiker vollständig kontrolliert."

Haley weist diese Kontrolle durch den Therapeuten für grundsätzlich alle psychotherapeutischen Methoden nach. Die TA nun entläßt den

Therapeuten weitgehend aus dessen persönlicher Verantwortung, denn sie tritt als Konstrukt mit einem Allgültigkeitsanspruch auf. Der Transaktionsanalytiker ist durch die geglaubte Richtigkeit seines Konstrukts in seinem Tun gleichsam gerechtfertigt. – Seelsorgerliches Handeln partizipiert demgegenüber an der Vollmacht des Evangeliums. Das Wort, von dem her seelsorgerliches Handeln herausgefordert, begründet und legitimiert ist, hängt weder an der Kompetenz des Seelsorgers, noch an der Richtigkeit einer Methode. Der Seelsorger wendet sein Wort auch nicht an, denn es ist ein Wort, das die Antwort sowohl des Seelsorgers wie seines Gesprächspartners fordert, und das beide gleichermaßen in die Verantwortung nimmt.

Psychotherapie stützt sich auf das Wort, das der Mensch dem Menschen sagt, das Menschen sich selber sagen können. Diese Worte stehen unter dem Vorbehalt des Irrtums und der Befangenheit. Die TA sucht ihre menschliche Fehlsamkeit und Relativität dadurch abzustreifen, daß sie ihre Sichtweise generalisiert und zum normativen Maßstab für psychische Gesundheit, für psychoanalytische Urteile über Menschen und für den therapeutischen Vorgang und Erfolg macht. D. Rössler (b 434) stellt im Blick auf alle Methoden fest:

> „Jede einzelne dieser Methoden trägt in sich selbst die Tendenz, andere Methoden zu relativieren, sich ‚absolut' zu setzen und eine unbeschränkte Kompetenz in Anspruch zu nehmen."

Dieser Anspruch ist im Selbstverständnis der TA sogar explizit enthalten. – Seelsorge handelt demgegenüber von einem Wort her, das wir nicht aus uns selbst schöpfen, sondern von außen empfangen. Insofern wirft Seelsorge weder den Seelsorger noch seinen Gesprächspartner auf sich selbst und die Tiefen seiner Seele zurück; sie eröffnet auch nicht einen Zirkel immanenter Selbsterkenntnis. Im seelsorgerlichen Geschehen kommt es zur Selbsterkenntnis in dem Maße, in dem es zur Gotteserkenntnis kommt, und auch umgekehrt vollzieht sich dabei Gotteserkenntnis nur insoweit, als diese Gotteserkenntnis in Selbsterkenntnis wirklich und wirksam wird.

Psychotherapie ist der Versuch menschlicher Hilfe zur Selbstfindung. Seitens der Theologie besteht keinerlei Anlaß, diesen guten und notwendigen Versuch mit einem einschränkenden „nur" zu versehen. Es hat nichts mit Abwertung psychotherapeutischen Handelns, sondern etwas mit Klärung zu tun, wenn daneben gesagt wird: Seelsorge kommt von der Zusage und Gewißheit her, daß wir vor aller Selbstsuche gefunden sind. G. Sauter (37 f) formuliert die theologische Begründung und die Aufgabe der Seelsorge daher so:

> „Wenn nach Luther der Grundsatz theologischer Anthropologie lautet, daß der Mensch definiert sei durch die Rechtfertigung aus Glauben allein, dann bedeutet dies, daß theologische Anthropologie damit anzuheben hat, daß dem Menschen dies zugesagt ist und immer wieder von neuem zugesagt werden muß. Der Mensch muß sich sagen lassen, wer er ist. Dieses Urteil ist der Freispruch zum Leben . . .
>
> . . . Dem Menschen wird versagt, sich zu begreifen, indem er das, was er von sich selbst wahrnimmt (einschließlich der Folgen seines Tuns), durch Erklärungen auf etwas anderes zurückzuführen und dadurch einen Freiraum zu gewinnen. Er soll sich statt dessen als den annehmen, der er ist – aber eben allein ‚ist‘ unter dem Urteil Gottes.

Seelsorge heißt: dieses Urteil mitzuteilen.

> „Die Mitteilung des Urteils bedeutet . . . nicht: dem Patienten zu sagen, ‚was mit ihm los ist‘. Es soll ihm vielmehr gesagt werden, wer er ist.“ (Sauter 39)

Die kurzen Hinweise haben gezeigt, daß zwischen therapeutischem und seelsorgerlichem Handeln gravierende Unterschiede bestehen
- hinsichtlich der Basis des Handelns,
- hinsichtlich der Rolle und Haltung des Handelnden,
- hinsichtlich des Ziels.

Die Handlungssituation muß aber für den Ratsuchenden wie auch für den therapeutisch oder seelsorgerlich Handelnden eindeutig sein und bleiben. Die von therapeutischer Seite vollzogene Klärung der Bereiche wird auf anderer Argumentationsebene von theologischer Seite im Ergebnis voll bestätigt. K. Winkler (a 387) faßt für sich zusammen:

> „Psychotherapie und Seelsorge sind jeweils an eine bestimmte Situation, der Psychotherapeut und der Seelsorger jeweils an eine bestimmte Rolle gebunden. Technisch und praktisch schließen sich psychotherapeutische und seelsorgerliche Situationen aus. Die Rollen müssen der Situation entsprechen. Geschieht diese Differenzierung nicht, so wird das eine Vorgehen zum Lückenbüßer des anderen.“
>
> „Pschotherapie und Seelsorge lassen sich nicht mischen. Beide Verfahren haben ihre gesonderten Ansatzpunkte und ihr gesondertes Ziel.“ (Winkler a 388)

II

Vom Grundsätzlichen her sind nun einige Überlegungen im Blick auf die kirchliche Praxis anzustellen. – Theologische Rede meint immer den ganzen Menschen in allen Aspekten seiner Geschöpflichkeit. Auf den ganzen Menschen ist auch Seelsorge bezogen. Zu dieser Ganzheit gehören wesentlich die körperliche, die psychische, die geistige, die gesellschaftliche Wirklichkeit und das Verhältnis zur nichtmenschlichen Natur. Seelsorge fügt dem nicht eine weitere Wirklichkeit (etwa die religiöse) hinzu. Sie bringt vielmehr in die unterschiedlichen anthropologischen Bereiche die Wirklichkeit ein, die uns mit dem – theologisch verstandenen – „Wort" eröffnet wird und begegnet. Insofern hat sie es mit Heilwerden im umfassenden Sinn zu tun. In diesem Sinne sind in allen Formen kirchlichen Handelns seelsorgerliche Elemente enthalten. Im Blick auf die unterschiedlichen Aspekte von Menschsein wird sich Seelsorge unterschiedlich ausformen: beispielsweise als missionarische, als politische, als soziale, als pädagogische, als diakonische, als therapeutische Seelsorge (was hier nicht im einzelnen ausgeführt werden muß). Zwischen diesen Bereichen bestehen mannigfache Wechselbeziehungen und Wechselwirkungen. Das Seelsorgeverständnis wird in bedenklicher Weise verengt, wenn Seelsorge ausschließlich auf die psychische Ebene bezogen und begrenzt wird. Die gegenwärtige Psychotherapie – Seelsorge – Diskussion ist in vielfacher Hinsicht Symptom dieser Engführung.

Es kann aber als Ausdruck der Sorge um den ganzen Menschen gelten, wenn die Kirche neben vielen anderen Einrichtungen auch *Beratungsstellen* unterhält, die der individuellen Lebenshilfe dienen. Die Mitarbeiter in den Beratungsstellen sind qualifizierte Psychotherapeuten (wenn wir jetzt nur diesen Bereich herausnehmen). Sie werden ihre Arbeit nach den Grundsätzen ihrer Methode tun, d. h. therapeutische Arbeit leisten. Sie tun damit insofern im Prinzip nichts anderes als in vergleichbaren staatlichen Einrichtungen oder durch selbständige Therapeuten auch getan wird. Der gute Sinn und die Notwendigkeit dieser Hilfeleistung stehen nicht in Frage. K.-F. Daibers „kirchensoziologische Überlegungen zur Beratungsarbeit" bringen die Fragen nach der religiösen Dimension in der Beratungsarbeit neu ins Gespräch. D. Rössler (a 96) stellt zu Recht fest, daß

„der diakonischen Seelsorge das Problem ihrer Identität von Anfang an mitgegeben (ist). Sie ist ständig mit der Frage konfroniert, inwiefern ihre Aufgabe und ihre Zielsetzung in einem spezifischen Sinne christlich begründet werden kann ... Die diakonische Seelsorge ist verwechselbar. Sie hat in ihrem Vollzug in aller Regel nichts, was sie direkt und eindeutig als Aktivität der Kirche oder des Glaubens identifiziert."

In unserem Zusammenhang gefragt: Was macht die therapeutische Arbeit, die von kirchlichen Mitarbeitern geleistet wird, zur christlichen Seelsorge? Mit Stollbergs (b 34) Formel

„Versteht sich ein Psychotherapeut als Christ, so ist seine Arbeit als Seelsorge zu bezeichnen"

ist die Frage nicht bereits beantwortet, sondern auf die Person des Therapeuten verlagert und insofern zugespitzt. Die Frage erscheint jetzt in der Gestalt: Was ist in diesem Zusammenhang unter Christsein zu verstehen? In seiner Zusammenfassung der Thesen schreibt Stollberg (b 63):

„Seelsorge ist – *phänomenologisch* betrachtet – Psychotherapie im Kontext der Kirche. Sie ist damit Psychotherapie aus der Perspektive des Glaubens."

Das ist für Stollberg (b 7) im Zusammenhang seiner theologischen Kapitel in „Therapeutische Seelsorge" gemeint und zu verstehen. Dort heißt es (Stollberg a 156 f):

„Seelsorge gründet in einer perfektischen Heilstatsache wie in der Hoffnung auf das eschatologische Heilsereignis und will in diesem Sinne Werkzeug des Christus praesens sein.

Die christologische Begründung der Seelsorge bildet zugleich – darin besteht das theologische Paradox – ihre anthropologische Grundlage, wenn theologisch nach der Zielsetzung der Seelsorge gefragt wird.

Seelsorge kann das Heil nicht schaffen wollen, sondern ihr eignet *medialer* Charakter. Gott bedient sich, wenn Er will, auch der Seelsorge, um ‚in, mit und unter' der Gestalt Seiner Kirche die Schöpfung zu erlösen. Insofern also Gott der allein Handelnde ist, kann man sagen, es bleibe der Seelsorge nichts weiter zu tun übrig als die Verkündigung dieses Heilshandelns Gottes, das sich zugleich perfektisch, präsentisch und futurisch darstellt. Aber ‚Verkündigung' in diesem Sinne bezeichnet den medialen Charakter der Seelsorge und darf nicht verbalistisch mißverstanden werden. Verkündigung bedeutet schlechthin Kommunikation aller Art, soweit sie inhaltlich vom Evangelium determiniert ist. Sie zielt darauf ab, dem Menschen zur Realisierung seines Menschseins auf dem Ermöglichungsgrund des Christuserereignisses zu helfen. Die christliche Anthropologie dient ihr dabei als Maßstab. Weil die christliche Anthropologie eschatologisch geprägt ist, kann die *theologische* die *praktische* Zielsetzung der Seelsorge vor Illusionen, vor Perfektionismus und entsprechender Resignation bewahren." Dieses Seelsorgeverständnis ist (trotz aller offenen Fragen, die hier nicht zu verhandeln sind) im Entscheidenden weit genug und eindeutig genug. Hier ist jene Engführung vermieden, wonach Seelsorge als verbale Verkündigung an den einzelnen definiert wird; auf der anderen Seite ist aber festgehalten, daß christliche Seelsorge im Christusgeschehen begründet ist, darin eingebunden bleibt und auch dadurch determiniert bleibt.

Eine christliche Seelsorge, die nicht mehr auf das Christusgeschehen bezogen ist, führt sich selbst ad absurdum. Wird aber das Christusgeschehen als Kriterium christlicher Seelsorge zugrundegelegt, so entscheidet sich die Brauchbarkeit einer therapeutischen Methode an der Frage, ob sie diesem Christusgeschehen Raum gibt. Die TA schließt das Christusgeschehen nicht expressis verbis aus; aber als geschlossenes System vermittelt sie ein vollständiges Heilsangebot. Damit schließt sie das Christusgeschehen als Grund, Horizont und Ziel menschlichen Heilwerdens faktisch aus.

Was nun die Tätigkeit des Pfarrers betrifft, so muß zum einen für ihn selbst klar sein, was seine Sache ist; und die ihn in Anspruch nehmen, müssen sich auf der anderen Seite darauf verlassen können, daß er als Seelsorger ansprechbar ist. Offenbar aus Erfahrung und bitter schreibt A. Peters (47):

> „Manche unter uns, die früher zur Beichte gingen, haben dies aufgegeben, nachdem sie einmal von einem derart verbildeten ‚Beichtvater' pseudopsychologisch ausgefragt und ungut klassifiziert worden sind. Unter uns ist eine neue Gestalt von Unfreiheit im Wachsen."

Wo geistliche Vorgänge auf therapeutische Prozesse reduziert werden, da wird der Seelsorger zum

> „Techniker der Mitmenschlichkeit mit religiösem Vorzeichen" (Jentsch 10).

Jentsch (95) erinnert daran:

> „Die Jünger Jesu werden nicht in erster Linie in die Welt gesandt, um andere zu beraten, sondern um Zeugen Jesu zu sein."

Seelsorger und Psychotherapeut haben unterschiedliche Aufgaben. Von ihnen wird auch Unterschiedliches erwartet. Wer als Therapeut tätig sein möchte, der sollte – eine gründliche Ausbildung vorausgesetzt – zu diesem Beruf stehen, dann aber offen und für jedermann erkennbar als Therapeut, nicht aber unter dem Deckmantel von Seelsorge. Die Kirche verspielt ihre Glaubwürdigkeit und gibt sich selbst auf, wenn ihre Pfarrer, die zu Seelsorgern berufen sind, als Möchte-gern-Therapeuten auftreten. Angesichts einer Seelsorgepraxis, die sich in eine neutrale Therapeuten- und Beratertätigkeit aufzulösen droht, faßt G. Hennig (44) seine „Grundlinien evangelischer Seelsorge und Seelsorgeausbildung" in folgenden Sätzen zusammen:

„Seelsorge ist nicht ‚Psychotherapie' im kirchlichen Kontext, sondern ‚Theologie' im biographischen Kontext. Das bedeutet: konkretes Fragen, Leiden, Hoffen und Suchen, Glauben und Unglauben im Kontext des Evangeliums zu betrachten und zu benennen, im Kontext der von ihm bezeugten Zusagen und Zumutungen Gottes. Sicher ist das Evangelium nicht der einzige Kontext unserer Not und unserer Hoffnungen. Aber ebenso sicher ist es der einzige Kontext, aus dem heraus die Frage nach der Rechtfertigung des Menschen, die Frage nach seiner wahren ‚Indentität' und nach dem Sinn konkreten Menschseins beantwortet werden darf und muß. Unerträglich, wenn sich die Seelsorge der Kirche von Gruppen-, Gesprächs- und Therapietheorien, -empirien oder -ideologien dazu entmündigen und erniedrigen ließe, die Menschen um das zu betrügen und zu bestehlen, was ihr zum Dienst und nicht ins Belieben gegeben ist, nämlich: die Rechtfertigung des Menschen durch Gott konkret auszusagen und zuzusagen.

Nur so, daß sich die Seelsorge von der Rechtfertigungslehre her versteht; nur so, daß die Seelsorge Hilfe zu konkretem Glauben und Leben aus Glauben wird, nur so wird die Seelsorge zu dem Ort werden, an dem der Mensch die ihm von Gott zugedachte Identität unter dem Beistand eines anderen Christen wiedergewinnt."

Seelsorge bleibt allemal „Lebenshilfe", letztlich Hilfe zu einem Leben, das sich uns erschließt, sofern wir uns dem Urteil Gottes aussetzen und uns als begnadete Sünder verstehen lernen. Das macht die Sorge und das, was uns seelisch, körperlich, geistig, gesellschaftlich und politisch bedrängt, nicht überflüssig, sondern fordert Hilfe erst recht heraus. Diese Bedrängnisse aber gewinnen angesichts der Gotteswirklichkeit einen anderen Stellenwert; und alles Helfen hat einen festen Grund und einen klaren Bezugspunkt.

Da nun alle geistlichen Prozesse auch in psychische (körperliche, soziale, politische) Prozesse eingehen – wenn auch nicht darin aufgehen – und sich in konkreten Menschen realisieren, hat es der

Pfarrer als Seelsorger immer auch mit psychischen und mit kommunikativen Prozessen zu tun. Insofern sind für seine seelsorgerliche Tätigkeit psychologische und psychotherapeutische Grundkenntnisse heute unentbehrlich. Als Beispiel:

- Er sollte für die psychische Situation seines Gegenübers und für die kommunikative Konstellation sensibel sein.
- Er sollte das Gesetzmäßige und das Individuelle in der Krisensituation seines Gegenübers erfassen können.
- Er sollte in der Lage sein, bei seinem Gegenüber einen Prozeß der Klärung einzuleiten.
- Er sollte imstande sein, therapiebedürftige psychische Störungen (wie z. B. Psychosen oder Neurosen) als solche zu erkennen und den Ratsuchenden an geeignete Einrichtungen oder Stellen zu vermitteln.
- Er muß gerade im Blick auf psychische Krankheiten die Grenzen seiner Möglichkeiten und seiner Kompetenz erkennen können.
- Er wird auch gefordert sein, in der Umgebung eines psychisch Kranken für dessen Situation Verständnis, Einsicht und angemessenes Verhalten anzubahnen.

Der Seelsorger muß daher Gesetzmäßigkeiten und Fehlformen der Entwicklung, mögliche Störungen, psychische Krankheiten und deren Symptome, therapeutische Möglichkeiten und die Arbeitsweise der Therapeuten kennen und muß mit Problemen der Kommunikation umzugehen wissen. Diese Kenntnisse und Fähigkeiten braucht der Pfarrer als Seelsorger, weil Seelsorge innerhalb und nicht jenseits der menschlichen Gegebenheiten geschieht.

III

Die TA ist von ihrem Ansatz her Therapie; sie bleibt Therapie auch dort, wo sie sich als Lebenshilfe, als Erziehungsprogramm, als Beratungsmodell versteht oder wo sie als Erlösungsangebot fungiert. Die globale Ausweitung des Therapeutischen liegt bereits im Therapiekonzept selbst, und zwar nicht nur in dem der TA. Nach G. Ebelings Einschätzung

> „tendiert die Psychotherapie auf ein Verständnis von Analysebedürftigkeit, das schließlich jeden Menschen in den Stand des Patienten versetzt." (d 374)

Das muß im Grundsätzlichen hier nicht thematisiert werden und wird von dem Therapeuten in der Regel auch nicht reflektiert. Die TA sieht das Problem gar nicht, denn sie argumentiert naiv pragmatisch:

„Ursprünglich wurde sie (die TA) von psychotherapeutischen Fachleuten dazu verwandt, seelisch oder geistig Kranken zum Verständnis ihrer selbst zu helfen. Dann aber erwies sich TA theoretisch und methodisch so praktikabel, daß für die Anwendung ihrer Methode in Familien und Schulen, im Geschäftsleben und in der Industrie, in kirchlichen Verbänden und auf dem weiten Feld der öffentlichen Gesundheitspflege bald neue Wege entdeckt wurden. Die Menschen begannen TA in Anspruch zu nehmen, um sich selbst besser zu verstehen, ihre Beziehungen zu anderen Menschen zu beleben, die Beziehung zu Gott zu vertiefen und ihre religiösen Erfahrungen zu erweitern." (James/Savary 18)

Die TA gibt sich spürbar stolz der Vorstellung hin, daß sie gleichsam wertneutral überall einsetzbar und verwendbar sei. In den vorausgehenden Kapiteln wurde schon gezeigt, daß der Gedanke der Wertneutralität auf einer systemimmanenten Selbsttäuschung beruht.

Als in sich geschlossenes Konstrukt mit universalem Heilungsanspruch geht die TA davon aus, daß Therapie nach TA-Methode Seelsorge ist. James/Savary wenden die TA-Methode ohne die mindeste kritische Reflexion auf den Bereich des christlichen Glaubens an. Im Vorwort zu James/Savary (11) propagiert Harsch „geistliche Wachstumsgruppen" nach TA-Methode und nennt als Ziel der Autoren,

„Glaubenden . . . zu ihrem geistlichen Erwachsensein zu verhelfen." (ebd. 13).

Maßstab für Erwachsensein ist das Menschenverständnis der TA. Was Glaube und gar ein „geistlich Erwachsener" ist, wird dabei ganz selbstverständlich durch das TA-Konstrukt festgelegt. Das Seelsorgeverständnis wird durch das therapeutische Konzept und das Menschenverständnis der TA definiert. Ein Eigenbereich von Seelsorge ist durch das Selbstverständnis der TA ausgeschlossen. Die Anwendung von TA-Methoden im religiösen Bereich wird zur Seelsorge.

Mit welcher Selbstverständlichkeit Seelsorge vom TA-Konzept her definiert wird und zu welchen Konsequenzen das führt, zeigt sich paradigmatisch an den Ausführungen von Born/Harsch/Weil zum Behandlungskontrakt zwischen dem Therapeuten und dem Klienten. Sie betonen:

„TA mißt diesen ausgesprochen und unausgesprochen (sic!) getroffenen Vereinbarungen große Bedeutung bei." (403)

Durch den Vertrag wird das Verhältnis bestimmt:

> „Der Klient/Ratsuchende stellt fest, was er für sich erreichen will, der Therapeut/Berater entscheidet, ob er dabei mitmachen und seine fachliche Kompetenz dazu zur Verfügung stellen will." (ebd.)

Das Verhältnis des Klienten zum Therapeuten wird als Geschäftsverhältnis definiert, das vertraglich geregelt ist und in dem beide Teile ihre Rechte und Pflichten haben.

- Der Klient ist als Kunde und Bittsteller verstanden.
- Der Klient äußert seine Wünsche, d. h. er sagt von sich aus, was er bei sich geändert haben möchte.
- Der Therapeut erwägt zunächst, ob er den Fall überhaupt annimmt.
- Der Therapeut sieht sich in der Rolle des Experten, der sich für eine vom Kunden erwünschte Dienstleistung engagieren läßt, so wie sich auch ein Rechtsanwalt dafür engagieren läßt, eine Verteidigung zu übernehmen, wenn ein Klient einen Rechtsstreit auszutragen hat oder unter Anklage steht.

Der Charakter eines Beratungskontrakts ist in der „Transaktionsanalyse für Eltern und Erzieher" (Babcock/Keepers 303) folgendermaßen beschrieben:

> „Gegenseitige Einwilligung bedeutet, daß der Experte vorschlägt, was getan werden kann, und daß die Eltern (generell: die Klienten) auf den Vorschlag eingehen ... Dies bedeutet, daß der Vertrag beiden, sowohl den Eltern als auch dem Experten, einen gewissen Vorteil bringt. Der Vorteil für die Eltern besteht in einer Klärung und Lösung des Problems. Der Vorteil für den Experten ist im allgemeinen finanzieller Art."

Unterstellen wir, daß der Vorteil des Therapeuten auch von anderer als finanzieller Art sein kann, so bleibt doch der wechselseitige „Vorteil" konstitutives Element des Vertrags. Im Inhaltlichen behält der Therapeut das Vorschlagsrecht; dem Klienten bleibt lediglich das Recht, auf den Vorschlag einzugehen. Ist dies nicht der Fall, so kann der Vertrag, d. h. der Geschäftsabschluß, nicht zustande kommen.

Von diesem für die TA konstitutiven Kontrakt-Denken her folgern Born/Harsch/Weil (403) ganz analog für die Seelsorge:

> „Wir haben den Eindruck gewonnen, daß diese Verträge auch für das seelsorgerliche Gespräch eine große Bedeutung haben."

Das seelsorgerliche Gespräch wird demnach vom Vertragsdenken in Therapie und Beratung her verstanden und damit inhaltlich wie methodisch von diesen Praktiken her bestimmt. Das bedeutet:

- Das seelsorgerliche Gespräch kann nur zustande kommen, wenn der Klient den Seelsorger darum bittet.
- Das seelsorgerliche Gespräch geht also im Grundsatz vom Klienten aus. Das wird nur dann der Fall sein, wenn der Klient ein „Problem" hat, das er bearbeiten möchte.

Demgegenüber ist festzuhalten, daß Seelsorge oft genug gerade dort nötig sein wird, wo ein Mensch „sein Problem" gerade nicht kennt oder nicht angerührt wissen möchte. Ebensooft wird Seelsorge dort herausgefordert sein, wo Menschen so sehr mit sich selbst zufrieden und eins sind, daß sie es abweisen, ihre immanente Selbstzufriedenheit zu problematisieren und sich darin in Frage stellen zu lassen.

- Der Klient muß nach dem Verständnis der TA wissen, „was er für sich erreichen will".
  Das Ziel des seelsorgerlichen Gesprächs wäre demnach vom Klienten festgelegt und der Seelsorger wäre vertraglich darauf verpflichtet.

Hier bleibt die schlichte Frage, ob der „alte Adam" überhaupt andere Ziele und Wünsche haben kann als eben Ziele und Wünsche, die dem „alten Menschen" entsprechen? Das seelsorgerliche Geschehen bleibt nach TA-Verständnis auf den Horizont des Alten festgelegt, auf das also, was ein Mensch schon weiß, schon hat, von sich aus will. Seelsorge wird angesichts solcher Anmutungen jedoch gerade dort einsetzen, wo in den Blick gebracht wird, was der Klient ganz und gar nicht von sich aus gesucht hat und wo sich ereignet, was in Joh 21, 18 mit „führen, wo du nicht willst" angedeutet ist.

- Der Seelsorger hätte nach dem Vertragskonzept der TA die Freiheit, angesichts des Seelsorgewunsches seines Klienten zu entscheiden, „ob er dabei mitmachen und seine fachliche Kompetenz zur Verfügung stellen will".

Ein Blick in das Neue Testament kann hier zur Klärung helfen. Das Neue Testament kennt unseren Begriff „Seelsorge" noch nicht. Wir finden stattdessen eine Reihe von Verben: παρακαλεῖν (ermahnen, ermuntern), μεριμνᾶν (Sorge tragen für), ἐπιμελεῖσθαι (sorgen), οἰκοδομεῖν (erbauen, auferbauen), παραμυθεῖσθαι (ermuntern, ermahnen, trösten) στηρίζειν (festmachen, kräftigen, stärken, beständig machen), διακονεῖν (dienen, helfen), νουθετεῖν (ermahnen, warnen, zurechtbringen), ἐλέγχειν (ans Licht bringen, überführen, tadeln, zurechtweisen), λύειν und δεῖν (lösen und binden, vergeben und behalten). Wenn alle diese Bedeutungen in unseren Begriff „Seelsorge" eingegangen sind, so ist deutlich, daß nicht Expertenleistungen gemeint sind, die im Bedarfsfalle vom Ratsuchenden abgerufen werden können, sondern daß es um jenes geschwisterliche Handeln geht, das der Gemeinde aufgetragen ist, und zwar unabhängig davon, ob dieses Handeln von jemandem erfragt oder gewünscht wird. Seelsorge ist nicht eine Dienstleistung, die die Kirche bereitstellt, weil sie einen Bedarf bei ihren Mitgliedern ermittelt hat; christliche Seelsorge ist in den Verkündigungsauftrag eingebunden, und insofern gehört sie im Sinne des „Gehet hin ..." zu dem Notwendigen. Sie wird daher nicht durch einen Vertrag begründet, den Klient und Seelsorger mit dem Ziel einer vom Klienten gewünschten Problemlösung schließen; sie gründet vielmehr – wenn schon von Vertrag gesprochen wird – in jener καινὴ διαθήκη, dem neuen Bund, der ohne unser Zutun und Wollen gesetzt ist und durch den wir aus dem alten Wesen in ein neues Sein gerufen werden.

Born/Harsch/Weil verweisen so nachdrücklich auf die Bedeutung des Vertrags für Therapie, Beratung und Seelsorge, weil sie zeigen möchten, wie gut sich die TA gegen die Gefahr der Manipulation absichert. Es ist allerdings bezeichnend, wo sie die Gefahr der Manipulation sehen: keineswegs im eigenen Konstrukt, keineswegs in dem darin enthaltenen Menschenverständnis, in den darin enthaltenen Zwangsläufigkeiten, in den systemimmanenten Zielen, sondern – für ein Vertragskonzept konsequent – genau an jener Stelle, an der das vom Klienten nicht gefragte Evangelium ins Spiel gebracht wird. Born/Harsch/Weil (403) sagen, daß sie von ihrem Vertragsdenken her

„ein ganz neues Verständnis für die Frage Jesu gewonnen (haben), die er Menschen immer wieder stellt: ‚Was willst du, daß ich dir tun soll?' Er stülpt ihnen das Evangelium und sein heilendes Handeln nicht einfach über, sondern er eröffnet mit dieser Frage ein Klima gegenseitiger Achtung und Respektes vor der Eigenständigkeit eines jeden Menschen."

Hier zeigt sich die Position, von der her gedacht wird. Die Eigenständigkeit des einzelnen und dessen Entscheidungen stehen als Leitideen obenan. Deshalb kann auch nicht in den Blick kommen, daß die Botschaft meine „Eigenständigkeit" allemal in Frage stellt. Das Evangelium stellt mein Leben eben auf einen anderen als den eigenen Grund und bringt mich vor die Alternative, ob ich aus „meinem" Geist und Wesen leben will, oder aus dem Geist und Wesen Gottes, die in Jesus sichtbar geworden sind. Im Gegensatz zu der von der TA vertretenen Autonomie- und Wachstumsideologie redet das Evangelium von einem Leben, das nicht im eigenen Selbst, sondern außerhalb meiner Person gegründet ist und in dem ich gerade deshalb zu mir selbst finden kann. Die TA verschafft sich mit dem eingängigen Hinweis auf den Respekt vor der Eigenständigkeit des Menschen das elegante Alibi, in der Seelsorge auf das Zentrum des Evangeliums verzichten zu können. Seelsorge kann dann mit psychologisch plausibler Begründung ganz auf Psychotherapie im Sinne von TA reduziert werden. (Über die Exegese von Markus 10, 46–52 parr. – Heilung eines Blinden – mit der Born/Harsch/Weil das Vertragskonzept der TA biblisch zu legitimieren suchen, muß wohl nicht gestritten werden. Erstens: Wo, außer in Markus 10, 51 parr., stellt Jesus „immer wieder" die Frage: „Was willst du, daß ich dir tun soll?" Diese Frage taucht in keiner anderen Heilungsgeschichte auf. Zweitens: Wo bleibt die beschworene „Eigenständigkeit", wenn in der Matthäus-Parallele, 20, 32 f, zwei Blinde gefragt werden und diese auch gleichlautend antworten? Drittens: Jesus hat nicht gesagt: ich kann dich heilen, weil du mir so klar gesagt hast, was dir fehlt, und weil du weißt, was du für dich erreichen willst. Jesus sagt vielmehr: Dein Glaube hat dich gerettet! Vom Blinden heißt es dann: Er folgte Jesus nach. Wo bleibt da der Vertrag? Viertens: Nach dem Markus-Text wird ein Blinder wieder sehend. Was treibt die Verfasser in diesem Zusammenhang zu der sinnlosen Aussage, daß dem Geheilten das Evangelium und heilendes Handeln nicht einfach übergestülpt werden? Wie stellen sich schließlich die Verfasser heilendes Handeln und ein Evangelium vor, das man jemandem „überstülpen" kann?)

Im folgenden soll noch auf einige Aspekte im Verhältnis zwischen Seelsorge und TA hingewiesen werden. Dabei kann die Frage nach der wissenschaftlichen Qualität und der Wirksamkeit der TA als Therapie aus dem Spiel bleiben. Ihr Charakter als Therapiekonzept muß hingegen weiterhin im Blick bleiben.

G. Besier (5) zählt die TA zu jenen

„spekulativen Einsichtstherapien, deren Konzepte auf unbeweisbaren weltanschaulichen Wertsetzungen beruhen und seitens der Klienten eine Art Bekehrungsprozeß zur Betrachtungsweise des Therapeuten voraussetzen."

H. Hemminger (a 247 f) faßt seine Sicht von Psychotherapie so zusammen:

„Nicht nur Psychotherapien auf falscher theoretischer Grundlage sind gefährlich, auch eine funktionierende Psychotherapie hätte ihre großen Gefahren, die sich bereits heute nachweisen lassen. Diese Gefahren liegen in zwei Bereichen: Zum einen drohen Gefahren, weil jede Psychotherapie eine Art der Herrschaft des Menschen über den Menschen darstellt. Und zum anderen drohen Gefahren, weil viele, ja die meisten Probleme in Psychotherapien nichtwissenschaftlicher Art sind und daher der weltanschaulichen Willkür des Psychotherapeuten unterliegen.

Der erste Bereich, der die Gefahr der Abhängigkeit betrifft, ist offenkundig: Die Psychotherapie besteht in der Beziehung eines manipulierenden Psychotherapeuten mit dem manipulierten Patienten, und zwar unausweichlich, so häufig auch das Gegenteil beteuert wird. Diese Beziehung fordert eine Überschätzung der eigenen Stellung und einen Mißbrauch der sehr beschränkten Möglichkeiten auf seiten des Therapeuten geradezu heraus, und von seiten des Patienten besteht die Versuchung, sich dieser scheinbaren Autorität zu kritiklos anzuvertrauen. Es gibt, ich wiederhole es, kein Mittel, dieses Problem zu umgehen."

„Sobald ethische Fragen, religiöse Fragen, Sinn- und Orientierungskrisen eine Rolle spielen, gibt es keine Möglichkeit mehr, diese Probleme auf Grund von allgemeinwissenschaftlichen Sätzen zu deuten oder ,wissenschaftliche' Lösungen vorzuschlagen. Der ,Schattenriß' des Menschen, der bei einer erfahrungswissenschaftlichen Betrachtung entsteht, läßt nur bestimmte Fragen und Antworten zu."

Der „Schattenriß", den die TA auf ihren Projektionswänden der Ich-Zustände und Transaktionen entwirft, ist auf der einen Seite so selektiv, schematisch und vereinfachend, daß die Komplexität von Menschsein darin nicht zum Ausdruck kommt. Zum anderen sind die TA-Kategorien so vordergründig konzipiert, daß die Tiefendimension geistlichen Geschehens gar nicht in den Blick kommen kann. Was in die TA-Raster eingeht, das ist nicht ein Mensch in seiner geistlichen

Tiefe, sondern ein TA-Präparat, mit dem der Transaktionsanalytiker seinem Konstrukt entsprechend umgehen kann. Dieses Präparat hört auch dann nicht auf Präparat zu sein, wenn es ein Analysierter als sein Selbstverständnis übernimmt. Darin wird nur der Prozeß der Manipulation manifest. Der Vorgang ist nur deshalb so schwer zu erkennen, weil das Verständnis von Menschsein und die darin enthaltenen Wertentscheidungen nicht in der menschlichen Haltung des TA-Therapeuten sichtbar werden (wo sie als solche faßbar und erkennbar wären), sondern im Konstrukt selbst enthalten sind und durch dessen Anwendung vermittelt werden. In der Gestalt „objektiver" Tatbestände und Strukturen bleiben sie für Therapeuten und Therapierte ungreifbar, sie werden aber im Sinne des Konstrukts ungehindert wirksam.

Die TA versucht die Brücke zur christlichen Seelsorge dadurch herzustellen, daß sie die Konvergenz ihrer und der christlichen Inhalte behauptet. Versteht man das als eine Zweckbehauptung, so wäre nur über Ziele und Motive zu sprechen. Offensichtlich liegt aber auch ein wissenschaftstheoretisches Defizit zugrunde. Der Versuch der TA, die christlichen Inhalte dem TA-Konstrukt additiv hinzuzufügen, ist ebenso unhaltbar wie die Versuchung der Theologie, ein geschlossenes therapeutisches System in sich aufzunehmen. Dazu generell E. Herms (277):

„Jede sekundäre Addition oder Korrelation von empirisch-humanwissenschaftlicher und theologischer Erkenntnis läßt nämlich den Sinn der Korrelate nicht unberührt. Unter der Voraussetzung primärer Unabhängigkeit und Selbständigkeit beider Seiten wird dabei regelmäßig entweder der genuine Sinn der humanwissenschaftlichen oder der theologischen Erkenntnis alteriert. Ersteres geschieht im Programm der ‚Indienstnahme' von Humanwissenschaften als ‚Hilfswissenschaften' der Theologie; letzteres in der historistischen und konventionalistischen Reduktion theologischer Erkenntnis auf das Erfassen von angeblicher in der Tradition vorliegenden christlichen Normen des Handelns. Dabei wird nämlich hinsichtlich der Humanwissenschaften verkannt oder verschwiegen, daß jede von ihnen jeweils ein sich nach bestimmten Leitbegriffen selbst steuernder Erkenntniszusammenhang ist, der eben auf Grund dieser Leitbegrifflichkeit auch sein eigenes Normenpotential besitzt, das nicht ohne weiteres durch Normen der christlichen Tradition ersetzbar ist. Hinsichtlich der theologischen Erkenntnis, wird verkannt, daß sie mit dem Anspruch steht und fällt, selber Wirklichkeitserkenntnis zu sein, die sich grundlegend in Ist- und nicht in Soll-Sätzen artikuliert. Beide Verkürzungen erzeugen regelmäßig einen jedenfalls das Praktischwerden von Theologie behindernden Protest, der sachlich durchaus legitim ist."

Vertreter der TA mögen Gründe haben, ihre Therapie der Kirche als Seelsorge anzudienen. Theologie und Kirche kann es aber um ihrer Sache willen nicht erspart werden zu prüfen, was sie in ihre Praxis aufnimmt, und sich jenen wissenschaftstheoretischen Problemen zu stellen, die Herms (295) so formuliert:

> Die „praktische Unzulänglichkeit der systematisch-theologischen Lehre von der Kirche und ihrem Handeln wird dort eingestanden, wo man sie durch die bereits eingangs erörterte sekundäre Addition humanwissenschaftlicher Methoden zu überwinden sucht. Dabei wird – wie gesagt – verkannt, daß alle Humanwissenschaften sich jeweils als ein nach eigenen Prinzipien geregelter Erkenntniszusammenhang vollziehen und daher defacto selber eine Kontrolle auch von Zielvorstellungen des Erkennens und Handelns ausüben. Die programmatische Außerachtlassung dieser Sachlage kann daher nur dazu führen, daß sich die Autonomie humanwissenschaftlicher Erkenntnis hinter dem Rücken derer, die sie in Dienst nehmen, durchsetzt."

Die TA erfaßt Menschen in den Konstrukten der Struktur-Analyse, der Transaktions-Analyse, der Spiel-Analyse und der Skript-Analyse. Mit diesen festen Strukturen ist der Rahmen von Personsein vorgegeben und abgesteckt. Gesundheit wird innerhalb dieser Strukturen definiert und liegt im Konstrukt normativ fest. Geheilt werden im Sinne von TA ist systemlogisch identisch mit heil werden. Seitz (b 72) erinnert daran,

> „daß der Mensch als Geschöpf in eine vierfache Beziehung hineingestellt ist. Gott, seinem Schöpfer, gegenüber als antwortender Partner, dem Menschen gegenüber als Mitmensch, der Dingwelt gegenüber als Hüter und sich selbst gegenüber, um gut zu sich zu sein. Erst in dieser vierfachen Beziehung ist er der ganze Mensch".

Von diesen vier Ebenen sind in der TA das Gegenüber zu Gott, dem Schöpfer, und das Gegenüber zur Dingwelt ausgeblendet. Grundsätzlich im Blick sind nur die Beziehungen innerhalb des Ich und die Beziehungen zu anderen Menschen. Die Beziehung zu sich selbst ist in Richtung ok-Sein festgeschrieben. Die Beziehung zum anderen Menschen betrifft und meint im Grunde nicht den anderen und schon gar nicht die gesellschaftliche Realität. Der andere ist nicht antwortender Partner, sondern im TA-Konstrukt primär Vehikel für die eigene Selbstfindung (vgl. 8 und 9). Menschsein ist in der TA im wesentlichen auf die Verhältnisse zwischen den konstruierten Ich-Zuständen reduziert. Christliche Seelsorge richtet sich demgegenüber auf den ganzen Menschen, wie er beispielsweise mit der von Seitz angedeuteten vierfachen Beziehung umschrieben ist. Mit dem Blick auf eine Gewichtung dieser vier Beziehungsebenen sagt Seitz (b 73):

> „Die Überbewertung einer Beziehung zieht konsequent die Unterbewertung oder Abwertung der anderen drei Beziehungen nach sich und umgekehrt."

In der TA geht es nicht einmal darum daß einzelne Beziehungsebenen unterbewertet werden; mindestens zwei sind überhaupt nicht im Blick, während die Beziehungen innerhalb des eigenen Ich hypertroph alles andere verdrängen. Seelsorge im Sinne und nach dem Erlösungskonzept der TA führt zwangsläufig zum Tanz um das eigene Ich, zur Anthropodizee.

Die Verengung von Menschsein auf günstigenfalls zwei Beziehungsebenen (nämlich zu sich selbst und zu den anderen) wird in der TA-Theorie zur wissenschaftlichen Tugend stilisiert (vgl. 1; 3; 9). Im Blick auf präparierende Methoden weist H.-G. Jung (81) auf einen typischen Vorgang hin:

> „Die abgeblendete Erfahrung wird meist stillschweigend, ohne Absicht und Schuldbewußtsein durch ein wissenschaftlich einleuchtendes Postulat ersetzt. Dem folgt in der Regel bald die Entgrenzung und Entfesselung der Erkenntnis- und Handlungsziele: Herrschaft, Freiheit, Emanzipation, Identität, Gerechtigkeit, Wahrheit, Kommunikation werden zu alles bestimmenden Höchstwerten. Wie sie zustande kamen und ob sie erreichbar sind, läßt sich kaum noch nachprüfen. Es besteht aber auch weder eine Neigung noch eine Einsicht in die Notwendigkeit einer solchen Prüfung, wenn die selbstdefinierten Ziele inzwischen religiöse Funktionen und Würden erlangt haben."

Die TA kann geradezu als Paradigma für den hier geschilderten Prozeß gelten und zwar hinsichtlich ihrer Ziele wie auch hinsichtlich der Ausweitung auf alle Lebensbereiche. Was als wissenschaftliches Konzept entstanden sein mag, verselbständigt sich gemäß der Logik des Konstrukts zum Heilsangebot. In diesem Heilsangebot ist ein Aspekt von Menschsein als das Ganze verstanden, und die anderen Bereiche werden ausgeblendet. Demgegenüber wird christliche Seelsorge die von der TA erfaßte Dimension von Menschsein keineswegs ausklammern; sie wird aber auch von den anderen (nämlich den von der TA ausgeblendeten) Dimensionen her denken und handeln. Das freilich ist kein additiver Vorgang, bei dem die TA gleichsam integriert werden könnte, sondern ein total anderer Ansatz im Verständnis von Menschsein. Deshalb läßt sich das TA-Konzept auch nicht im Sinne eines Teilaspekts von christlicher Seelsorge verstehen. Das TA-Konzept steht inhaltlich im Gegensatz zu einer christlichen Seelsorge, die dadurch charakterisiert und definiert ist, daß sie von ihrem Menschenverständnis und von ihrem Auftrag her alle Bereiche und Dimensionen von Menschsein im Ansatz wie hinsichtlich der Handlungskonsequenzen sub specie Dei versteht. In diesem Verständnis ist Christus nicht als ein mögliches Additiv verstanden, das ein immanentistisches Menschenverständnis veredelt, komplettiert und religiös legitimiert. Was in Jesus offenbar geworden und durch seinen Tod geschehen ist, das qualifiziert den Menschen in seiner Beziehung zu Gott, zu sich selbst, zu den Mitmenschen und zur Dingwelt grundsätzlich, d. h. vom Grunde her. Insofern schließen TA und christliche Seelsorge einander im Ansatz und in ihren Konsequenzen aus. Eine Seelsorge, die sich auf den TA-Horizont festlegen läßt, hat sich als christliche Seelsorge aufgegeben; christliche Seelsorge, die bei ihrer Sache bleibt, muß umgekehrt das Menschenverständnis der TA als eine Spielart jenes Menschseins aufdecken, aus dem das Evangelium gerade herausruft. Läßt sich aber christliche Seelsorge auf Menschenbild, Logik, Methode und Ziele der TA festlegen, so stehen wir vor dem Phänomen, das Winkler (b 86) als „Auslieferung" bezeichnet und folgendermaßen beschreibt:

Auslieferung „geschieht immer dort, wo sich ein Seelsorger so mit psychologischem bzw. humanwissenschaftlichem Vorgehen identifiziert, daß er als Theologe und Amtsträger der Kirche nicht mehr zu erkennen ist. Der Versuch, seelsorgerliche Besonderheiten als solche zu definieren, wird dann oft gar nicht mehr unternommen, mitmenschliches Handeln – methodisch oder spontan angewandt – wird dann pauschal als Inhalt des seelsorgerlichen Auftrags gesehen."

In der TA stehen Therapeut und Patient einander gegenüber. Handlungsleitend ist für den Transaktions-Analytiker das TA-Konstrukt. Diese Konstellation eines Gegenübers von Therapeut und Patient entsteht zwangsläufig auch da, wo TA ohne Wissen und Einverständnis des „Patienten" eingesetzt wird. Aus der Logik des Konstrukts ergibt sich, daß der eine der Analysierende oder Therapierende und der andere der Analysierte oder Therapierte ist. Ziel des Handelns in dieser Therapie oder Krypto-Therapie ist das im Konstrukt vorgegebene Verständnis von Gesundheit, nämlich das definierte ok-Sein. Dieses Ziel ist durch Anwendung von TA zu erreichen. – Das Verhältnis zwischen dem Seelsorger und seinem Gegenüber ist von anderer Art. Handlungsleitend ist für den Seelsorger nicht ein Entwurf von Gesundheit, den er mit seinen Methoden herbeizuführen sucht, sondern die Botschaft von einem Leben, das unsere Entwürfe von Leben und Gesundheit überholt. Insofern ist der Seelsorger nicht Therapeut, sondern primär Zeuge. Als Zeuge verfügt er nicht über Ziel und Weg, sondern begibt sich auf eine Botschaft hin mit den anderen auf einen Weg. Er tritt seinem Partner nicht als ein Wissender und Habender gegenüber, sondern setzt sich gemeinsam mit ihm einer Botschaft aus.

Therapeut bin ich durch eigenen Entschluß, durch Entscheidung für ein therapeutisches Konzept und durch eigenes Können. Seelsorger bin ich als einer, der auf ein Wort ant-wortet und darin im doppelten Sinne einen Auftrag „wahrnimmt". Dieser Auftrag schließt auch heilendes Geschehen ein; aber er ist weder auf einen menschlichen Entwurf von Gesundheit zentriert noch von diesem bestimmt. In der TA wird ein menschlicher Entwurf von Gesundheit und Heilen als Heil festgeschrieben. Die TA selbst wird zur frohen Botschaft. Die Methoden der TA treten an die Stelle des Heilsgeschehens. Die Entscheidung für die gesunde ok-Haltung wird zum entscheidenden Heilsereignis. In den geglückten Transaktionen und den darin verteilten Streicheleinheiten nimmt das säkularisierte Reich Gottes Gestalt an. Für die Dimension christlicher Seelsorge ist weder Bedarf noch Raum. Die TA-Prozesse genügen sich selbst. – Seitz bringt entgegen diesen und anderen Formen therapeutischer Selbstbeschränkung die Inhalte der Seelsorge zur Sprache, ohne das seelsorgerliche Geschehen auf verbale Verkündigung an den einzelnen zu verengen, wenn er ausführt:

> „In der Seelsorge wird der entscheidende Schritt gewagt, das heilende Wort Jesu Christi nicht nur im sakralen Raum der Kirche zu vermitteln, sondern gleichberechtigt auch im Alltag der Welt, d. h. hier auf dem Felde menschlicher Konflikte, menschlichen Leides und menschlicher Not." (Seitz c 57).

Und in anderem Zusammenhang:

> „Die Funktion der Zeugen wird in manchen pastoralpsychologischen Theorien geradezu als Störung empfunden und dies um so mehr, als rein psychologische Verfahrensweisen in theologisierender Vereinnahmung als heilbringend gedeutet werden." (Seitz a 148)

Das Problem der Störung dieser Art ist für die TA ausgeschlossen, weil in ihrem Konstrukt die Funktion des Zeugen ausgeschlossen ist. Die Methode tritt an die Stelle des Zeugen. Das Konstrukt wird zum Bekenntnis.

Die TA zielt als Therapie auf Erfolg und rechfertigt sich selbst durch ihren Erfolg. Damit wirbt sie; das zeigt sich in ihrer Sprache und in ihrem Verständnis vom gesunden Menschen; das gehört zu ihrem Verständnis als Therapie.

> „Jeder kann auf seine Weise ein bedeutender, denkender, bewußter und kreativ tätiger Mensch werden – ein Gewinner." (James/Jongeward 17)

Vom Gewinner wird gesagt:

> „Jeder kennt und hat sie – wenn auch nur vorübergehend – die Augenblicke der Autonomie. Ein Gewinner jedoch kann seine Autonomie über immer längere Zeiträume aufrechterhalten. Er mag gelegentlich unsicher werden, sogar verlieren. Doch trotz aller Rückschläge bewahrt sich ein Gewinner den festen Glauben an sich selbst." (James/Jongeward 18)

Die TA versteht sich als Garant dafür, daß dieser „feste Glaube an sich selbst" zustande kommen kann. Beide, der Therapeut und der zu Therapierende, sind system-logisch auf Erfolg im Sinne ihres Konstrukts ausgerichtet und festgelegt. D. Rössler hat für die kirchliche Praxis auf die Probleme hingewiesen, die aus Methoden erwachsen, die

> „allein erfolgsorientiert sind und nur vorsehen, was erfolgsbezogen ist; Mißerfolg oder gar Scheitern sind darin nicht enthalten". (Rössler b 438)

Mehr noch: In der kirchlichen Arbeit werden erfolgsorientierte Methoden gerade deshalb so begierig aufgegriffen, weil man mit deren Hilfe dem Scheitern zu entgehen hofft. Dazu Rössler (b 439):

> „Was die Methoden dazu einbringen, ist, daß sie das Scheitern ignorieren. Durch keine der Methoden wird der Mißerfolg dessen, der sich ihrer bedient, legitimiert. Kommt es dazu, dann werden die Gründe außerhalb gesucht: in der falschen Anwendung methodischer Regeln oder in Mängeln, die in der Persönlichkeit der Beteiligten liegen. Auf diese Weise bringen sich die Methoden in einen schwer abzuwägenden Gegensatz zur religiösen Grunderfahrung des Scheiterns."

In der TA ist der Erfolgszwang im Konstrukt sogar explizit formuliert. Die in der TA angestrebte Seinsweise des „Gewinners", des Menschen,

„der ein von ihm gestecktes Ziel erreicht" (Berne c 364),

setzt Therapeuten und zu Therapierende gleichermaßen unter Erfolgszwang. Scheitern wird system-logisch als negativ qualifiziert. Der Mensch als „Verlierer", nämlich als einer,

„der das von ihm gesteckte Ziel nicht erreicht" (Berne c 368),

soll durch die TA ja gerade überwunden werden.

Nun spielt freilich in allem religiösen Geschehen, insbesondere im christlichen Glauben, das Scheitern in vielfacher Hinsicht eine Rolle. An sich selber scheitern, an den eigenen Entscheidungen, Vorhaben und Lebensentwürfen scheitern, am Gottesverständnis scheitern, all das kann sich geradezu als jener Punkt erweisen, an dem sich der Mensch als Mensch vor Gott erkennen lernt, als der Punkt, an dem Rechtfertigung aus Glauben und Heil im christlichen Sinne überhaupt erst in den Blick kommen und Seelsorge gefordert ist. Eine erfolgsfixierte Methode wie die TA, nach deren Zielvorstellung das zum Maßstab wird, was ich selbst mir vorgenommen habe, läßt Scheitern weder beim Therapeuten noch beim Klienten zu. Sie kann nach ihrem Ansatz Mißerfolg oder Scheitern nur als Tiefpunkt verstehen, von dem sie den Menschen wegholt, damit er das Leben wieder selber in den Griff bekommt. Sie kann Scheitern aber nicht als jene äußerste Möglichkeit verstehen, sein autonomes Leben aus der Hand zu geben, um neues, nämlich außerhalb seiner selbst gegründetes Leben, zu empfangen.

Jeder menschliche Lebensentwurf ist daraufhin angelegt, daß der Mensch im Sinne des Entwurfs mit sich selbst identisch wird. Nach dem TA-Konstrukt kommt der Mensch im ok-Sein, der Lebensposition eines Gewinners, zu seiner Identität. Diese Identität ist Sinn und Ziel der TA. Alles, was diesem Ziel entgegensteht, muß system-logisch entweder ignoriert oder überwunden werden. – Seelsorge ist nicht daraufhin angelegt, Menschen zu jener Identität zu führen, die sie, gemessen an menschlichen Entwürfen vom Menschsein, Gesundheit, Lebenserfüllung und Selbstverwirklichung, gewinnen könnten. Christliche Seelsorge, die von Leben ausgeht, das außerhalb seiner selbst gegründet ist, kann Scheitern und Nichtidentität im menschlichen Sinne positiv aufnehmen und ertragen – bei sich selbst und bei anderen. Sie wird daher Sinn auch und gerade dort eröffnen und finden helfen, wo menschliches Leben unwiderbringlich eingeschränkt und beschädigt ist, wo Heilung nicht möglich ist, wo Leiden unausweichlich wird und wo Sinn, den wir unserem Leben geben, zerbricht. Dadurch wird heilendes Handeln nicht entwertet und nicht überflüssig gemacht. Aber angesichts eines Lebens, das sich nicht selber entwerfen und das sich auch seinen Sinn nicht selber geben muß, erhält heilendes Handeln seinen Stellenwert vor dem Horizont des End-gültigen, einem Horizont, der im Evangelium zur Sprache kommt und der für christliche Seelsorge charakteristisch, prägend und konstitutiv ist.

Der theologische Kern und die nahezu zweitausendjährige Tradition christlicher Seelsorge wurden in jüngster Zeit und in großem Maßstab zuerst in den Vereinigten Staaten von Nordamerika preisgegeben. Dort nämlich hat man innerhalb der sogenannten modernen Seelsorgebewegung in den Jahren zwischen 1940 und 1970 die Methoden insbesondere der analytischen und der humanistischen Psychologie kritiklos in die Seelsorge, zum Teil sogar als Seelsorge, übernommen. Viele Pastoralpsychologen, die in Europa als tonangebend gelten, haben ihre prägende Ausbildung in eben jener Rezeptionsphase in den Vereinigten Staaten erfahren und setzen die dort übernommene Konzeption hier ungebrochen fort. Indes ist die Entwicklung in den Vereinigten Staaten weitergegangen. Führende amerikanische Pastoralpsychologen, die die Übernahme psychologischer Methoden maßgeblich mitbetrieben hatten, sind längst dabei, ihr Konzept zu korrigieren und die Seelsorge aus der Bevormundung und Umklammerung durch psychologische Methoden wieder zu befreien. Oden, der seine eigene Schuld darin sieht, in den frühen sechziger Jahren das Konzept von Rogers in die seelsorgerliche Beratung „hineinlegitimiert" zu haben (Oden b 61), mahnt die europäischen „Spätzünder" (Oden b 62) eindringlich zur Umkehr und schreibt bereits 1981:

> „Vielleicht kämpft man in der europäischen Seelsorge dafür, daß dem Seelsorger mehr Freiheit für Gefühle und Selbstverwirklichung zugestanden wird. Unsere Lage in den USA ist da ganz anders. Wir versuchen uns von einer anderen Tyrannei freizumachen: von der Überflutung durch Gefühle und dem Mythos der Selbstverwirklichung, die beide oft so weit

gehen, daß sie jegliche geschichtliche Erfahrung verunmöglichen – alles, was nicht zu meinem emotionalen Prozeß gehört. Das aber macht christliche Unterweisung unvollziehbar. Es stellt einen Rückgang von Freiheit im seelsorgerlichen Gespräch dar, nicht einen Zuwachs an Freiheit. Denn wenn seelsorgerliche Interaktion sich ausschließlich auf den Brennpunkt „ich" – „hier" – „jetzt" – „nur Gefühle" usw. beschränkt, kann Seelsorge nicht ihr eigenes Wort sprechen." (Oden, b 50)

Eindrucksvoll ehrlich und selbstkritisch charakterisiert Oden die Phase der Auslieferung der Seelsorge an die Psychologie, von der er sich jetzt absetzt; eindrucksvoll deshalb, weil er sich für den „Ausverkauf von christlicher Indentität und christlichem Zeugnis" (Oden b 61) in der Seelsorge mitverantwortlich weiß:

„Die neuere Seelsorge hat sich dermaßen in eine fixierte Abhängigkeit und Verpflichtung gegenüber der modernen Psychologie und dem allgemeinen Zeitgeist begeben, daß sie außerstande war, auch nur die Fülle der Weisheiten vormoderner Zeiten, einschließlich der seelsorgerlichen Weisheiten, ansichtig zu werden. Dies hat sich zu einem Nettoverlust an Freiheit, zu einer schweren Lernunfreiheit ausgewachsen. Selbstverständlich bleiben wir für unser heimliches Zusammenspiel mit dem Geist der Moderne verantwortlich, das als Nebenwirkung eine drastische Reduktion der Freiheit, aus geschichtlicher Erfahrung zu lernen, einbrachte. Wir haben all unsere Karten auf die Annahme gesetzt, daß modernes Selbstbewußtsein uns zu größerer Freiheit führe, während uns unsere spezifische Freiheit, nämlich an unserer christlichen Seelsorgetradition festzuhalten, ausgeplündert, ausgeschimpft und weggenommen wurde." (Oden, b 56).

Eine vergleichbare Fähigkeit zur Selbstkorrektur ist in Deutschland bisher nicht festzustellen. Oden gibt zu, daß es nicht primär und nicht allein geistliche Erwägungen waren, die dazu geführt haben, den Stellenwert der Psychologie für die Seelsorge neu zu reflektieren. Er nennt hierfür drei Faktoren:

„Wir haben die maßlosen Erwartungen an einen reduktionistischen Naturalismus, sexuellen Messianismus, hedonistischen Narzißmus und autonomen Individualismus bis zur Neige ausgekostet – Strömungen, die allesamt genau von den psychotherapeutischen Schulen philosophisch zur Schau gestellt und kulturell zu Markte getragen worden sind, denen wir naiverweise die Seelsorge angepaßt haben." (Oden, b 57).
„Dieser Anpassungsprozeß hätte ungebrochen noch eine Weile länger gedauert, hätte es da nicht jene fatalen, aber so überaus schwerwiegenden Studien über die zweifelhafte Wirksamkeit durchschnittlicher Psychotherapie gegeben, die uns über allen angebrachten Zweifel hinaus bewiesen haben, daß durchschnittliche Psychotherapie nicht wirksamer ist als die

Heilungsrate, die schlicht und einfach im Lauf der Zeit auftritt. Spontane Heilung wird von den meisten dieser Studien mit gutbelegten Quoten von 65 bis 75 % angegeben – die durchschnittliche psychotherapeutische Heilungsquote ist genauso hoch. Dazu kommt noch der Störfaktor des sogenannten ‚Verschlimmerungseffektes' (Bergin), der besagt, daß 10 % der behandelten Patienten unter professioneller psychotherapeutischer Behandlung in einen schlechteren Zustand als vorher geraten. Dies ist nicht etwa eine verdrehte und unbewiesene Behauptung, sondern eine wohlfundierte Schlußfolgerung aus hunderten von kontrollierten empirischen Studien, die einige von uns dazu gebracht haben, die Effektivität eben der Psychotherapie in Frage zu stellen, denen wir unsere Seelsorge ausgeliefert haben. Obwohl sich seit Jahren die Beweise dafür häufen, werden diese Erkenntnisse von einigen Pastoralpsychologen praktisch ignoriert; sie bleiben versonnen auf der Anpassungslinie stehen, die einst hoch im Kurs stand, die jetzt aber immer mehr an moralischer Überzeugungskraft und Glaubwürdigkeit verliert. Sobald man jedoch die genannten Studien wirklich ernst nähme, wäre der Anpassung des Seelsorgeamtes an die Psychotherapie der Boden unter den Füßen weggezogen.

„Mittlerweile gibt es freilich eine zunehmende Abneigung gegen die hobbyartige Popularpsychologie. Seelsorge und Berater haben so ziemlich alle ‚Trips' hinter sich, die man sich mittels TA, EST, Bioenergetik, RET, Mikrolabs, T-Gruppen, Wachstumsgruppen, Grope-Gruppen, leisten kann – und die Liste der messianischen Verheißungen setzt sich fort."
(Oden, b 57f).

Die Ernüchterung und Leere, zu der die bereitwillige und kritiklose Übernahme psychologischer Methoden in der Seelsorgearbeit geführt hat, wirft die Frage nach Grund, Tradition, theologischem Gehalt und Mitte christlicher Seelsorge unabweisbar auf. Dazu Oden:

„Diese drei (oben genannten -d.Vf.) Faktoren haben gemeinsam dazu beigetragen, den Anpassungstrend zu wenden und die Seelsorge von einer überzogenen Gebundenheit an die Überzeugungen der Moderne zu befreien. Aus der Leere und Anomie heraus, in der wir uns gegenwärtig befinden, ist ein tiefes Verlangen nach Verwurzelung in der seelsorgerlichen Weisheit früher christlicher Zeiten erwachsen – jener Weisheit, die durch manche ähnliche Periode der Entfremdung und falschen Erwartung hindurchgeschritten ist und sie überlebt hat. Dies hat dazu geführt, daß wir nunmehr – im Gegensatz zu der Zeit vor nur zehn Jahren, wo die meisten von uns die klassische Seelsorgetradition einfach nicht ernstzunehmen vermochten, (eben wegen unserer Fixierung an den modernen Messianismus) – die Desillusionierung jener falschen Hoffnungen hinter uns haben und eine erfrischend neue Freiheit darin erfahren, daß wir die kritische Weisheit der klassischen christlichen Seelsorgeerfahrung zu Gesicht bekommen und uns von ihr belehren lassen." (Oden b 58).

Dürfen auch wir hoffen?

Literaturliste

Affemann, R., (a) Sünde und Erlösung in tiefenpsychologischer Sicht,
in: L. Scheffczyk (Hg.), Erlösung und Emanzipation, 1973, S. 15-29

Affemann, R., (b) Möglichkeiten und Grenzen der Psychotherapie,
in: F. Gutsche, Mut zur Seelsorge, 1974, S. 7-17

Anderegg, J., Wissenschaft und Wirklichkeit, in: J. Anderegg (Hg.),
Wissenschaft und Wirklichkeit, 1977, S. 9-28

Babcock, D. E./Keepers, T. D., Miteinander wachsen. Transaktionsanalyse
für Eltern und Erzieher, 1980

Bach, G. R./Molter, H., Psychoboom, 1979

Bachmann, C. H. (Hg.), Kritik der Gruppendynamik, Fischer TB 6718, 1981

Barnes, G. et al., Transaktionsanalyse seit Eric Berne,
Bd I: Schulen der Transaktionsanalyse. Theorie und Praxis, 1979
Bd II: Was werd' ich morgen tun? 1980
Bd III: Du kannst Dich ändern, 1981

Barth, H.-M., Martin Luther disputiert über den Menschen. Ein Beitrag
zu Luthers Anthropologie, in: KuD 28. Jg., 3/1982, S. 154-166

Bennett, D., Im Kontakt gewinnen. Transaktionsanalyse als Führungshilfe, 1977

Berkson, W. /Wettersten, J., Lernen aus Irrtum, 1982

Berne, E., (a) Sprechstunden für die Seele, 1970

Berne, E., (b) Spiele der Erwachsenen, 1970

Berne, E., (c) Was sagen Sie, nachdem Sie „Guten Tag" gesagt haben?,
1975

Besier, G., Seelsorge und Klinische Psychologie, Defizite in Theorie
und Praxis der ‚Pastoralpsychologie', 1980

Betz, O., Transaktionale Analyse in der Kirchlichen Gruppenarbeit,
in: J. Scharfenberg (Hg.), Glaube und Gruppe, 1980, S. 70-80

Birbaumer, N., Vom Nutzen und Nachteil der Klinischen Psychologie und
Verhaltenstherapie für die Seelsorge, in:
Loccumer Protokolle 35/1981, S. 3-19

Bittner, G., Gruppendynamik – ein ziemlich sicherer Weg, sich selbst
zu verfehlen, in: Psychosozial 1980, S. 41-66

Born, Th./Harsch, H./Weil, Th., Freistilmethoden. Wie o.k. ist
Fischers K.o. über die Transaktionsanalyse, in: Dt. Pfbl. 81. Jg.,
9, 1981, S. 398-403

Brede, K., Psychoanalyse zwischen Therapie und Wissenschaft, in:
H.-M. Lohmann (Hg.), Das Unbehagen in der Psychoanalyse,
1983, S. 93-103

Browning, D., Menschenbilder in zeitgenössischen Modellen der Seelsorge,
in: WzM, 33. Jg., 1981, S. 406-418

Bruch, H., Grundzüge der Psychotherapie, 1977

Buber, M., (a) Schuld und Schuldgefühle, in M. Buber, Werke I,
1962, S. 475-502

Buber, M., (b) Gottesfinsternis, in: Werke I, S. 503-603

Clinebell, H. J., Modelle beratender Seelsorge, 1971, S. 112-132

Daiber, K.-F., Diskreditiert die Beratungsarbeit die Kirche? – Kirchensoziologische Überlegungen zur Beratungsarbeit. In: WzM, 35.
Jg., 4, 1983, S. 148-157

Dienst, K., Buchbesprechung von B. E. Babcock, T. D. Keepers, Miteinander wachsen, Transaktionsanalyse für Eltern und Erzieher,
1980, in: Amtsblatt der EKHN Nr. 10, 1980, S. 64 f

Dusay, J. M., Die Entwicklung der Transaktionsanalyse, in: Barnes I,
1979, S. 54-81

Ebeling, G., (a) Theologie zwischen reformatorischem Sündenverständnis und
heutiger Einstellung zum Bösen, in: Wort und Glaube III, 1975, 173 204

Ebeling, G., (b) Das Problem des Bösen als Prüfstein der Anthropologie,
in: WG III, 1975, 205-224

Ebeling, G., (c) Das Verständnis von Heil in säkularisierter Zeit,
in: WG III, 1975, S. 349-361

Ebeling, G., (d) Lebensangst und Glaubensanfechtung in WG III,
1975, S. 362-387

Ebeling, G., (e) Dogmatik des christlichen Glaubens I, 2.A., 1982;
II u. III, 1979

Eckert, F. J., Transaktionsanalyse oder die Antwort auf die Frage,
warum Sie sich so verhalten, wie Sie sich verhalten, in :
Hessische Polizeirundschau 11. Jg., Heft 4, 1984, S. 24-28;
Heft 5, 1984, S. 20-24; Heft 6, 1984, S. 25-27

Fischer, H., (a) Wie o.k. ist die Transaktionsanalyse? in: Dt. Pfbl.,
81.Jg., 4, 1981, S. 158-161 u. 5, 1981, S. 211-215

Fischer, H., (b) Eine Nachlese zu Born/Harsch/Weil: Wie o.k. ist
Fischers K.o. über die Transaktionsanalyse? (Auf Anfrage vom
Verfasser zu bekommen)

Fischer, H., (c) Ein Weg zur Selbstfindung? Zum Sektencharakter der
Transaktionsananlyse, in: ibw-Journal, 22. Jg., Heft 5,1984,
S. 73-77

110

Frankl, V.E., (a) Der Wille zum Sinn, in: V.E. Frankl, Der Wille zum Sinn, 3. erw. A., 1982, S. 9-36

Frankl, V.E., (b) Zeit und Verantwortung, a. a. O. 37-80

Frankl, V.E., (c) Der Pluralismus der Wissenschaften und die Einheit des Menschen, a. a. O. 135-150

Frankl, V.E., (d) Determinismus und Humanismus, a. a. O. 151-171

Frankl, V.E., (e) Kritik der reinen Begegnung, a. a. O. 217-233

Frankl, V.E., (f) Ärztliche Seelsorge, 8. verb. A., 1980

Frankl, V.E., (g) Homo patiens. Versuch einer Pathodizee, in: Anthropologische Grundlagen der Psychotherapie, 1975, S. 241-377

Günther, H., Willeke, C.u.R., Die gruppendynamische Bewegung in Kritik und Selbstkritik, in: ibw-Journal, 15. Jg., 1,1977, S.3-19

Haas, E., Religion – Sekte – Sucht, in: WzM., 32. Jg., 1980, S. 399-408

Haley, J., Gemeinsamer Nenner Interaktion. Strategien der Psychotherapie, 1978

Halmos, P., Beichtväter des 20. Jahrhunderts, Psychologen und Lebensberater unter Ideologieverdacht, 1972

Harris, Th. A., Ich bin o.k. Du bist o.k. Eine Einführung in die Transaktionsanalyse, 1975

Harsch, H., (a) Theorie und Praxis des beratenden Gesprächs, 1973

Harsch, H., (b) Hilfe für Alkoholiker und andere Drogenabhängige, 1976

Harsch, H./Dannowski, H. W./Denecke, A./Heuse, R., Workshop „Transaktionsanalyse und Predigt", in: Werkstatt Predigt, 7. Jg. Nr. 34., Dez. 1979

Hemminger, H., (a) Kindheit als Schicksal? Die Frage nach den Langzeitfolgen frühkindlicher seelischer Verletzungen, 1982

Hemminger, H., (b) „Ein ‚Wiederholen' frühkindlicher Erlebnisse kann es gar nicht geben", in: Psychologie heute, 10. Jg., 4,1983, S. 56-58

Hennig, G., Stärkt die Seelen! Grundlinien evangelischer Seelsorge und Seelsorgeausbildung, 1981

Hentig, H. von, Habent sua fata libelli, in: Psychosozial, 3. Jg., 1/1980, S. 7-19

Herms, E., Die Fähigkeit zu religiöser Kommunikation und ihre systematischen Bedingungen in hochentwickelten Gesellschaften, in: ZEE, 21. Jg., 1977, S. 276-299

Herzog, W., Zur Kritik des Objektivismus in der Psychologie, in: Psyche, 33. Jg., 1979, S. 289-305

Herzog – Dürck, J., Beziehungen zwischen Psychotherapie und Seelsorge, in: ZThK, Jg. 76, 1979, S. 225-240

Holloway, W. H., Transaktionsanalyse: Eine integrative Sicht, in: Barnes II, 1980, S. 18-90

Hommes, U., Entmündigung durch Wissenschaft? – Zum Problem des Erfahrungsverlustes in der gegenwärtigen Welt, in: O. Schatz (Hg.), Brauchen wir eine andere Wissenschaft, 1981, S. 133-144

Illich, I., (a) Fortschrittsmythen, 1978

Illich, I., (b) Entmündigung durch Experten, rororo-aktuell 4425, 1979

James, M./Jongeward, D., Spontan leben. Übungen zur Selbstverwirklichung, 1974

James, M./Savary, L. M., Befreites Leben. Transaktionsanalyse und religiöse Erfahrung, 1977

Jentsch, W., Der Seelsorger, 1982

Jüngel, E., Der Gott entsprechende Mensch, in: Neue Anthropologie, Hg. v. H.-G. Gadamer und P. Vogler, 6. Band, Philosophische Anthropologie, 1. Teil, 1975, S. 342-372

Jung, H.-G., Theologie und Wissenschaftlichkeit, in: J. Anderegg (Hg.), Wissenschaft und Wirklichkeit, 1977, S. 73-91

Kleinewiese, E., Kreisgesicht-Symbole. Eine visuelle Darstellung der Funktion der Ich-Zustände. Transaktionsanalyse mit Kindern, 1980

Kovel, J., Kritischer Leitfaden der Psychotherapie, 2. A., 1979

Läpple, V./Scharfenberg, J. (Hg.), Psychotherapie und Seelsorge, 1977

Lohmann, H.-M., Wie harmlos dürfen Psychoanalytiker sein? Notizen zur verdrängten Thanatologie, in: H.-M. Lohmann (Hg.), Das Unbehagen in der Psychoanalyse, 1983, S. 50-59

Lorenz, H., Heil und Heilung, in: PTh, 70 Jg., 10, 1981, S. 483-499

May, R., Antwort auf die Angst, 1982

Mayer, R., Seelsorge zwischen Humanwissenschaften und Theologie, in: Theologische Beiträge, 1, 1983, S. 6-21

Metz, J. B., Erlösung und Emanzipation, in: L. Scheffczyk (Hg.), Erlösung und Emanzipation, 1973, S. 120-140

Metzger, H. G., „Psychoboom", psychologische Beratung und gesellschaftliche Entwicklung, in: WzM, 33. Jg., 1981, S. 84-95

Mokrosch, R., Das religiöse Gewissen, 1979

Mokrosch, R./Schmidt, H. P./Stoodt, D., Ethik und religiöse Erziehung – Thema: Frieden, 1980

Müller, A. M. K., (a) Die präparierte Zeit, 2. A., 1973, bes. S. 398 ff., 405 ff., 459 ff.

Müller, A. M. K., (b) Die Grundlagenkrise der Wissenschaft als Herausforderung für neue Formen der Wahrnehmung, in: O. Schatz (Hg.), Brauchen wir eine andere Wissenschaft, 1981, S. 233-264

Neidhart, W., Seelsorge, in: G. Otto (Hg.) Praktisch-theologisches Handbuch, 2. A., 1975, S. 526-547

Nübel, H. U., Theologische Fragen in der Humanistischen Psychologie, in: WzM 29. Jg., 1977, S. 449-462

Oden, Th. C., (a) Wer sagt: Du bist okay? Eine theologische Anfrage an die Transaktionsanalyse, 1974

Oden, Th. C., (b) Freiheit und Lernen, in: W. Becher, A. V. Campbell, G. K. Parker (Hg.): Wagnis der Freiheit, 1981, S. 50 – 64

Peters, A., Buße – Beichte – Schuldvergebung in evangelischer Theologie und Praxis, in: KuD, 28. Jg., 1/1982, S. 42-72

Rössler, D., (a) Der Arzt zwischen Technik und Humanität, 1977

Rössler, D., (b) Die Methoden in der kirchlichen Ausbildung, in: WzM, 29. Jg., 1977, S. 433-441

Rogoll, R., (a) Nimm dich, wie du bist. Eine Einführung in die Transaktionsanalyse, 3. A., 1977

Rogoll, R., (b) Leserbrief zu H. Fischer: Wie o.k. ist die Transaktionsanalyse, in: Dt. Pfbl., 81. Jg., 8, 1981, S. 381

Rüttinger, R., Transaktionsanalyse (Arbeitshefte zur Führungspsychologie), Heft 10, 1980

Rüttinger, R. und Kruppa, R., TA-Manual, Praxis der Transaktionsanalyse in Beruf und Organisation, 1981

Sauter, G., Seelsorge zwischen psychologischer Therapie und theologischer Anthropologie, in: Loccumer Protokolle, 35/1981, S. 34-45

Scharfenberg, J., Problemanzeige Seelsorge – Psychologie aus der Sicht einer psychoanalytisch orientierten Seelsorge, in: Loccumer Protokolle, 35/1981, S. 46-49

Scheffczyk, L., Die Aufgabe der Theologie angesichts der heutigen Erlösungsproblematik, in: L. Scheffczyk (Hg.), Erlösung und Emanzipation, 1973, S. 5-12

Schlegel, L., Grundriß der Tiefenpsychologie, Bd V, Die Transaktionale Analyse nach Eric Berne und seinen Schülern, 1979

Schmolz, W., Transaktionsanalyse – Theorie und Praxis dargestellt am Beispiel der Vernehmung, in: Seminarbericht der Polizei – Führungsakademie. Sozialwissenschaftliche Erkenntnisse für die Praxis der Polizei, Februar-März 1983, 2. 111-121

Schnackenburg, R., Der frühe Gnostizismus, in: Kontexte, Bd 3, Hg. v. H. J. Schultz, 1966, S. 111-118

Schülein, J., Psychoanalyse u. Psychoboom, in: Psyche, 32. Jg.,1978, S. 420-440

Seibert, H., Über Schwierigkeiten des Gesprächs zwischen Theologen und Beratern, in: Diakonie, Beiheft 2, Nov./Dez. 1978, S. 106-116

Seitz, M., (a) Der Fortschritt im Verhältnis von Seelsorge und Beratung und die bleibenden Aufgaben, in: M. Seitz, Praxis des Glaubens, 2. A., 1979, S. 144-153

Seitz, M., (b) Aufgaben und Möglichkeiten kirchlicher Seelsorge heute, in: H. Reller u. A. Sperl (Hg.), Seelsorge im Spannungsfeld, 1979, S. 63-76

Seitz, M., (c) Pastoraltheologische Thesen, in: Loccumer Protokolle, 35/1981, S. 53-57

Sennett, R., Die Tyrannei der Intimität, in: Merkur, H. 9/1982, wiederabgedruckt in: Zeitspiegel, Nov. 1982, S. 15-19

Spaemann, R., Überzeugungen in einer hypothetischen Zivilisation, in: O. Schatz (Hg.), Abschied von Utopia? 1977, S. 311-331

Steiner, C., Wie man Lebenspläne verändert, 1982

Steinkamp, H., Die vermarktete Religion, in: WzM, 32. Jg., 1980, S.442-452

Stollberg, D., (a) Therapeutische Seelsorge, 1969,

Stollberg, D., (b) Mein Auftrag – Deine Freiheit. Thesen zur Seelsorge, 1972

Stollberg, D., (c) Das Verhältnis von Seelsorge und Psychotherapie bzw. von Theologie und Psychologie aus der Sicht der Klinischen Seelsorgeausbildung (KSA), in: Loccumer Protokolle, 35/1981, S. 50-52

Tillich, P., Das christliche Verständnis des modernen Menschen, in: Das ist der Mensch. (Kein Hg.), Kröners Taschenausgabe, Bd 292, 1959, S. 141-151

Wandel, F., Erziehung im Unterricht. Schulpädagogische Anwendungen der Transaktionsanalyse, 1977

Watzlawick, P., Wesen und Formen menschlicher Beziehungen, in: Neue Anthropologie, Hg. v. H.-G. Gadamer und P. Vogler, 7. Bd, Philosophische Anthropologie, 2. Teil, 1975, S. 103-131

Winkler, K., (a) Psychotherapie und Seelsorge, in: V. Läpple u. J. Scharfenberg (Hg.), Psychotherapie und Seelsorge, 1977, S. 375-388

Winkler, K., (b) Was kann die Theologie von den Humanwissenschaften lernen? in: H. Reller u. A. Sperl (Hg.), Seelsorge im Spannungsfeld, 1979, S. 77-89

Wisser, R., Rühre Mensch den Menschen an. Martin Bubers Forderung an unsere Zeit, in: R. Wisser, Verantwortung im Wandel der Zeit, 1967, S. 141-179

Zöllner, H. M., (a) Muß ein Psychologe Atheist sein? in: Medizin Mensch Gesellschaft, Bd. 5, 3/1980, S. 192-197

Zöllner, H. M., (b) Beurteilen und Behandeln in der Klinischen Psychologie, 1980

Namenregister

115

HINWEIS: Die hier angezeigten Schriften der Münchener Reihe werden bei jeder Auflage auf den neuesten Stand gebracht.

Veröffentlichungen in der MÜNCHENER REIHE zu Sekten- und Weltanschauungsfragen:

FRIEDR.-WILH. HAACK
Astrologie
Best.-Nr. 50 602 (4. Aufl.)

Jehovas Zeugen
Best.-Nr. 50 608 (12. Aufl.)

Spiritismus
Best.-Nr. 50 610 (4. Aufl.)

Mormonen
Best.-Nr. 50 611 (5. Aufl.)

Sekten (Doppelheft)
Best.-Nr. 50 612 (4. Aufl.)

die neuen jugend-religionen
(Doppelheft)
Best.-Nr. 50 613 (22. Aufl.)

die neuen jugend-religionen – teil 2
(Großband)
Best.-Nr. 50 621 (6. Aufl.)

die neuen jugend-religionen – teil 3
(Sonderband)
Best.-Nr. 50 639

Ratschläge
zu Jugendreligionen, -bewegungen und Sekten
(Doppelheft)
Best.-Nr. 50 627 (5. Aufl.)

satan – teufel – lucifer
Best.-Nr. 50 615 (4. Aufl.)

Freimaurer
(Doppelheft)
Best.-Nr. 50 616 (7. Aufl.)

Neuapostolische Kirche
Best.-Nr. 50 617 (4. Aufl.)

Transzendentale Meditation
Best.-Nr. 50 622 (5. Aufl.)

Parapsychologie
(Doppelheft)
Best.-Nr. 50 623 (4. Aufl.)

Aberglaube – Magie – Zauberei
Best.-Nr. 50 626 (3. Aufl.)

Die »Bhagwan«-Rajneesh-Bewegung
(Großband)
Best.-Nr. 50 634 (3. Aufl.)

WALTER SCHMIDT
Islam (Doppelheft)
Best.-Nr. 50 635 (2. Aufl.)

RÜDIGER HAUTH
Vereinigungskirche
Best.-Nr. 50 618 (6. Aufl.)

Die Kinder Gottes
Best.-Nr. 50 625 (5. Aufl.)

Adventisten
Best.-Nr. 50 632

MANFRED ACH
Anarchismus
(Doppelheft) Best.-Nr. 50 633

FRIEDR.-WILH. HAACK
Blut-Mythus und Rasse-Religion
Neugermanische und deutsch-völkische Religiosität
(Doppelheft) Best.-Nr. 50 638

NEU: HELMUT FISCHER
TA · Transaktionsanalyse – Anstöße zur kritischen Auseinandersetzung
Großband, Bestell-Nr. 50 640

Stück	Einzelheft	Doppelheft	Großband	Sonderband	Innerhalb der Preis-
1–10	DM 3,80	DM 5,50	DM 8,80	DM 19,80	gruppe auch gemischt,
11–24	DM 3,60	DM 5,30	DM 8,50	DM 19,—	zuzüglich Versand-
25–49	DM 3,30	DM 5,—	DM 8,10	DM 18,50	kosten.
50–99	DM 3,—	DM 4,50	DM 7,50	DM 18,—	Preisänderungen
ab 100	DM 2,70	DM 4,—	DM 6,80	DM 17,—	vorbehalten.

FRIEDRICH-WILHELM HAACK
Lichtbildserie »die neuen jugendreligionen« 34 Farbdias mit Textkarten und Begleitheft in einer handlichen Mappe, Best.-Nr. 60 598 (3. Aufl.), Preis DM 78,—

Lichtbildserie »Sekten« 36 Farbdias mit Textkarten, Begleitheft und Text-Leseheft, in einer handlichen Mappe, Best.-Nr. 50 595, Preis DM 78,—

WULF METZ
Lichtbildserie »Chinesische Religiosität« 36 Farbdias mit Textkarten und Begleitheft in einer handlichen Mappe, Best.-Nr. 50 594, Preis DM 78,—

Lichtbildserie »Buddhistische Frömmigkeit« 36 Farbdias mit Textkarten und Begleitheft in einer handlichen Mappe, Best.-Nr. 50 596, Preis DM 78,—

Friedrich-Wilhelm Haack

KEIN BLATT VOR DEM MUND
Von der Religionsfreiheit, Ja und Nein zu sagen
1. Auflage München 1981, 280 S., DM 36,—. ISBN 3-921513-53-7

Friedrich-Wilhelm Haack gilt heute als der beste Kenner der Sekten- und Okkultismus-Szene im deutschsprachigen Europa. Er hat zuerst die Begriffe »neugnostische Bewegungen«, »Jugendreligionen«, »Psychomutation« u. a. geprägt und die dazugehörigen Tatbestände analysiert und beschrieben. Über 30 Bücher und Schriften, Lichtbildserien und Foliensets haben ihn weit über Deutschland hinaus bekannt gemacht. Nahezu unbekannt geblieben ist jedoch Haacks umfangreiche Auseinandersetzung mit Sekten, Spiritismus, Okkultismus und eigenwilligen religiösen Neugründungen in unzähligen Zeitschriftenaufsätzen und Zeitungsartikeln. Der vorliegende Band stellt eine Auswahl dieser publizistischen Arbeiten vor, von analytischen Berichten (»Die Wiederkehr der Magie«) über umfangreiche Funk-Manuskripte (»Wotans Erben«) bis zu Porträtskizzen abstruser Gemeinschaften (»Gemixte Privatreligion«). Haack stellt sich der Auseinandersetzung in einer Zeit, in der ein deutliches Wort selten geworden ist.

Erhältlich bei: ARBEITSGEMEINSCHAFT FÜR RELIGIONS- UND WELTANSCHAUUNGSFRAGEN, Postf. 50 01 07, 8000 München 50

Friedrich-Wilhelm Haack

SCIENTOLOGY – MAGIE DES 20. JAHRHUNDERTS

Mit Dokumenten und Abbildungen

Scientology versteht sich heute als »Die Religion des 20. Jahrhunderts«. F.-W. Haack: »Über 10 Jahre Forschung und Hunderte von Interviews haben mir einen Abgrund an Wahn, Haß und Durchsetzungswillen gezeigt. Organisationen wie die Scientology sind eine echte Gefahr für die menschliche Gesellschaft.« Der Autor weist u. a. auch auf die unzähligen Tarn- und Nachfolgeorganisationen hin.

Mit diesem Buch stellt der Claudius Verlag eine umstrittene und brisante Stimme auf dem Feld der religiösen Auseinandersetzung zur Diskussion.

392 Seiten, Pbck., Format 14 × 22 cm, DM 35,–, Bestell-Nr. 62003

Friedrich-Wilhelm Haack

GURUISMUS UND GURUBEWEGUNGEN

Ein Großband der »Münchener Reihe« mit zahlreichen Illustrationen und einem Dokumententeil

Das Abendland wird immer mehr zum Missionsgebiet des Guruismus. Mit Yoga- und anderen sogenannten Lebenshilfetechniken hat dieses Religionsphänomen begonnen. Nicht selten endet es in der Abhängigkeit der Neugewonnenen. Einige der sogenannten Jugendreligionen sind aus dem Guruismus hervorgegangen.

Pfarrer Haack hat die wichtigsten Guru-Bewegungen und das Gesamtphänomen Guruismus untersucht. Anstoß zu diesem Buch gaben die Anfragen von Betroffenen, doch der Autor hat die Phänomene auch an ihrer Quelle studiert.

192 Seiten, Pbck., Format 14 × 22 cm, DM 22,80, Bestell-Nr. 50637

Friedrich-Wilhelm Haack

WOTANS WIEDERKEHR

Blut-, Boden- und Rasse-Religion

Haack, einer der renommiertesten Weltanschauungsexperten unserer Zeit, legt hier eine lang ausstehende, richtungsweisende Arbeit über einen Bereich der Religions- und Weltanschauungsfragen vor, der bislang noch nirgends in dieser Weise zusammengefaßt und aufbereitet worden ist.

Das Buch kommt im richtigen Moment. Ohne Zweifel wird es erhebliche Diskussionen auslösen und das Augenmerk der Öffentlichkeit auf einen bislang weißen Fleck der Weltanschauungslandkarte richten.

250 Seiten mit 45 Abbildungen und einem 21seitigen Dokumentationsteil, Pbck., DM 28,–, Bestell-Nr. 61809

Claudius Verlag · Evangelischer Presseverband
Birkerstraße 22 · 8000 München 19